Alexandra Schwarz-Schilling
Christin Müller
Zu Zweit

ORLANDA

Alexandra Schwarz-Schilling
Christin Müller

ZU ZWEIT

Beziehungscoaching für Singles und Paare

ORLANDA

Die Deutsche Bibliothek – CIP-Einheitsaufnahme
Schwarz-Schilling, Alexandra: Zu zweit : Beziehungscoaching für Singles und Paare /Alexandra Schwarz-Schilling & Christin Müller. – Berlin : Orlanda, 2006
ISBN 3-936937-46-X

1. Auflage 2006

Lektorat: Ekpenyong Ani
Umschlaggestaltung: Ulrike Wewerke, Berlin
Illustration: Stefanie Savilla
Herstellung & Satz: Anna Mandalka
Druck: Druckhaus Köthen

Inhalt

Dank

Wir bedanken uns von ganzem Herzen bei den Menschen, von denen wir gelernt haben.

Ich, Alexandra, bedanke mich bei meinen Eltern, die mir beide durch ihre Inspiration und Freigeistigkeit leuchtende Vorbilder sind. Ich bedanke mich bei meinem Mann Dada von Furiosa für unsere wundervolle Beziehung, in der Erfahrungen möglich wurden, die über das hinausgehen, was ich mir vorstellen konnte. Ich bedanke mich bei unseren Kindern Matthaeus, Magdalena und Jaci für ihre Liebe und ihre Unterstützung. Ich bedanke mich bei dem First-Nations Schamanen Sun Bear, bei Moon Deer und Beth Davis, die mein Weltbild stark erweiterten und bei denen ich ein kraftvolles, vollständiges Bild von Weiblichkeit hautnah erfahren und verinnerlichen lernte.

Ich, Christin, bedanke mich bei meinem Mann Matthias für seinen Mut und seine tiefe Liebe. Seine Vision von unserer Beziehung inspiriert mich. Bei meiner Mutter möchte ich mich für ihre anhaltende liebevolle Unterstützung bedanken. Ich bedanke mich bei unseren Kindern Philip und Hanna für die Freude und Begeisterung, mit der sie bei uns leben.

Wir bedanken uns bei unseren gemeinsamen Lehrern Maria und Stephan Craemer, von denen wir unseren Coachingansatz lernten. Durch ihr jahrelanges persönliches Engagement war es uns möglich, diesen nachhaltig zu verinnerlichen und zu leben. Wir bedanken uns bei unseren Verlegerinnen Anna Mandalka und Ekpenyong Ani vom Orlanda Verlag, dass sie uns gefunden haben und dieses Buch ermöglichten.

Wir möchten auch unseren gegenseitigen Dank füreinander zum Ausdruck bringen. Glück, Freude, Inspiration und große Nähe ermöglichen uns beiden zu wachsen und uns zu entfalten. Es ist für uns ein großes Geschenk, in dieser Weise zusammenarbeiten zu können.

Einleitung

Der Begriff »Coaching« ist in aller Munde. Was steckt für uns dahinter? Wir verfolgen einen ganzheitlichen Coachingansatz, der sowohl berufliche als auch private Anliegen eines Menschen betrachtet. In diesem Buch wenden wir diese persönliche Form des Coachings auf das Thema Partnerschaft an. Bei unserem Coaching wird grundsätzlich der eigene Anteil an der Realität untersucht. Die Arbeit ist insofern immer ein Selbstentdeckungsprozess. Gerade bei der Bearbeitung von Konflikten in Partnerschaften spielen das Erkennen und der Wandel individueller Muster, die unabhängig vom Partner existieren, eine entscheidende Rolle. Darauf gehen wir im ersten Teil ausführlich ein.

Coaching hinterfragt die eigene Absicht. Wenn wir uns mit uns selbst beschäftigen, suchen wir normalerweise nach Erklärungsmustern, um die Vergangenheit zu verstehen. Dies ist tatsächlich ein wichtiger Teil des Prozesses, der aber nicht ausreicht, um die Gegenwart anders gestalten zu können. Dazu bedarf es auch eines Blicks nach vorn. Wenn wir das, was wir erfahren haben, nicht mehr wollen, wie wollen wir uns dann erfahren? Wer wollen wir stattdessen sein? Dies bringt uns in Verbindung mit unserer Absicht. Sie ist die eigentlich kreative Schöpferkraft.

Indem wir nach Absichten fragen und Erkenntnisse herausarbeiten, können wir unsere Erfahrung bewusst mitgestalten. Es beginnt mit der Bereitschaft, neue Blickwinkel einzunehmen. Dazu geben wir in diesem Buch viele Beispiele. Manche klingen vielleicht zunächst ungewöhnlich, doch nur wenn wir bereit sind, einen neuen Standpunkt einzunehmen, können wir neue, andere Erfahrungen machen.

Es ist uns bewusst, dass für einen wirklichen Wandel das Erkennen theoretischer Zusammenhänge nicht ausreicht. In unseren Seminaren und Coachings arbeiten wir daher auf drei Ebenen:

- Auf der kognitiven, mentalen Ebene
- Auf der emotionalen Ebene, durch geführte Prozesse und Übungen
- Auf der Verhaltensebene, durch gezielte praktische Übung

Es reicht eben nicht aus, ein Buch zu lesen. Entscheidend ist, eine Erkenntnis in konkretes Verhalten umzusetzen. Oft haben wir eine mentale Erkenntnis und wissen dennoch nicht, wie wir unsere Gefühle ändern können. Das erfordert Übung und Einsatzbereitschaft. Unsere Gefühle sind langsam, aber sie folgen mit der Zeit, wenn wir uns bewusst anders verhalten als gewohnt.

Wir haben im Folgenden einige Übungen eingefügt, die praktisch anwendbar sind. Übungen sollten, um ihre Wirksamkeit zu entfalten, eine möglichst eindeutige Struktur haben. Da Übungen in der Regel mit einer gewissen Unlust verknüpft sind, hilft es, einfach der Struktur zu folgen. Dazu möchten wir Sie ermutigen.

Im zweiten Teil des Buches beschäftigen wir uns mit kollektiven Mustern aus der Vergangenheit, die einen nicht zu unterschätzenden Einfluss auf unsere heutige Beziehungserfahrung haben. Wir gehen dabei ausführlich auf einen Teil der Menschheitsgeschichte ein, in dem ein anderes Verständnis von Weiblichkeit vorherrschte und das uns heute Kraft geben kann. Unserer Erfahrung nach ist es leichter sich zu erinnern, als auf der Basis von Schwäche etwas völlig Neues erschaffen zu wollen. Es geht nicht darum, in die Vergangenheit zurückzukehren, sondern das Wissen um die ganze Geschichte dazu zu nutzen, eine inspirierende Vision von der Zukunft der Geschlechterbeziehungen zu entwickeln. Dazu dient der dritte Teil des Buches. Denn der Grund für unseren Mangel an erfüllten Beziehungen liegt auch im Verharren in patriarchalen Strukturen. Auf der einen Seite ist das Konfliktpotenzial riesig und auf der anderen befinden wir uns, was die Lösungsfindung betrifft, tendenziell in einer Sackgasse. Niemand weiß, wie wir mit diesem zentralen Bereich in unserem Leben konstruktiv umgehen können.

Die alten Beziehungsmodelle funktionieren für viele Menschen nicht mehr. Der erweiterte Blick auch in unsere matriarchale Vergangenheit erleichtert es, eine inspirierende Vision für beide Geschlechter in die Gegenwart zu tragen und für die Zukunft zu entwickeln. Dabei spielt die Sexualität eine Schlüsselrolle. Hierauf gehen wir im dritten Teil näher ein. Wir sind aufgefordert, uns zu überlegen, wie wir uns in Beziehungen erfahren wollen. Wer wollen wir sein? Als Frau, als Mann und als Mann und Frau in einer Beziehung? Wenn wir es wagen, klar zu benennen, was wir erfahren wollen, erhöhen wir die Wahrscheinlichkeit für diese Erfahrung enorm. Für das Thema Partnerschaft gibt es kein Patentrezept. Individuelle Lösungen wollen gesucht und gefunden werden. Wir wollen Sie ermutigen, zu träumen. Wie würden Sie sich eine erfüllte Beziehung zwischen Mann und Frau vorstellen? Was ist dabei wirklich wichtig für Sie? Das menschliche Erfahrungspotenzial ist riesig, nutzen wir es!

Teil I

Individuelle Überzeugungen und ihre Wirkung in Beziehungen

Sehnsucht nach erfüllten Beziehungen und Vollständigkeit

Wenn wir morgen sterben müssten und noch einen Tag hätten, um uns vom Leben zu verabschieden, worauf käme es uns wohl an? Wir würden uns von den Menschen verabschieden wollen, mit denen wir in Beziehung waren. Es wäre plötzlich völlig nebensächlich, wie groß unsere materiellen Erfolge waren. Entscheidend wäre, wen ich wirklich geliebt habe, bei wem ich meine Liebe hundertprozentig ausdrücken konnte, mit welchen Menschen ich Nähe hatte. Mit wem war die Zusammenarbeit inspirierend, beglückend, erfüllend? Wessen pure Gegenwart tat mir einfach gut? Wer hat mein Leben bereichert? Bei wem konnte ich auch mal schwach sein, wurde gehalten und unterstützt? Mit wem konnte ich so durch Konflikte gehen, dass es uns beide weiter- und einander näher gebracht hat? Wem fühlte ich mich ebenbürtig? Wem nicht? Wo ist noch etwas unvollständig, so dass, wenn ich an diesen Menschen denke, Gefühle wie Groll, Ärger, Wut oder Trauer aufkommen oder auch der Gedanke, etwas nicht hinbekommen zu haben, Missverständnisse nicht aufgeklärt, mein Mitgefühl und Verständnis nicht ausgedrückt zu haben? Jetzt, da es nichts mehr zu verlieren gibt, kämen wir extrem mit dem Bedürfnis in Kontakt, Verbundenheit und Vollständigkeit herzustellen. Wir könnten diese Welt leichter verlassen, wenn wir vollständig wären – ein hehres Ziel.

Es erfordert Mut, sich selbst gegenüber ehrlich und wach zu sein. Das Wichtigste dabei ist, gütig mit sich und seiner Vergangenheit umzugehen. Nur auf dieser Basis, das heißt, wenn ich mich nicht für Vergangenes entwerte, ist Selbsterkenntnis möglich. Und daraus ergibt sich ein Leben mit einer neuen Qualität in unseren Beziehungen. Doch gerade mit dieser Güte tun wir uns schwer. Sind wir nicht oft selbst unsere schärfsten Kritiker/innen? Wer kennt nicht die Stimme im Kopf, die sagt: »Du bist zu blöd, zu dumm, du versagst, pass doch auf, du schaffst das nicht, hättest du doch bloß ..., du solltest aber ...«, und die uns verbietet, Fehler zu machen? Warum hören wir auf diese Stimme? Sie erfüllt eine wichtige Aufgabe. Sie will uns vor Enttäuschung schützen, uns wach halten. Und haben wir uns nicht alle schon einmal trotz Misstrauen und vorsichtigem Verhalten in die nächste Enttäuschung hineinmanövriert? Doch die Konsequenz, die wir daraus zogen, war noch misstrauischer und vorsichtiger zu sein – und wir wurden wieder enttäuscht. Warum wiederholen wir Verhaltensweisen, die nicht funktionieren?

Solche Verhaltensweisen haben auch einen Gewinn. Sie haben uns bisher das Überleben gesichert. Nach einer gewissen Zeit der glücklichen Kindheit gewöhnten wir uns an Umstände, in denen Mangel, Angst und Misstrauen präsent waren. Diese Umstände wurden für uns normal. Wir kannten uns allmählich darin aus, lernten, uns darin einzurichten. Es war nicht besonders prickelnd, jedoch aushaltbar und letztlich hatten wir die Sicherheit, auch mit unangenehmen Gefühlen überleben zu können. Dies gab uns Halt, in gewisser Weise Schutz oder auch moralische Überlegenheit. Außerdem fühlten wir ja zumindest etwas oder es gab etwas zu erreichen.

Wovor haben wir eigentlich Angst?

Neues macht uns Angst und scheint mit Unsicherheit verbunden zu sein, weil es unbekannt ist. In dem Alten fühlen wir uns vielleicht nicht wohl, aber wir kennen uns darin aus und wissen, darin zu handeln. Neues beinhaltet das Risiko, möglicherweise zu scheitern. Darüber haben wir keine Kontrolle und das macht Angst. Wir hätten gerne die kalkulierbare Veränderung. Oder wir haben eine Frage darüber, ob es wirklich grundsätzlich dauerhaft besser werden kann. Denn wir haben gelernt, glücklichen Zuständen zu misstrauen. Nach dem Motto: »Warte nur ab, das geht wieder vorbei, wenn du erst die rosarote Brille abgesetzt hast!« In anderen Worten: Glück ist sowieso endlich. Dann lieber das Beste aus dem Normalen machen. Wenn es mit der Veränderung dann tatsächlich besser wird, neigen wir dazu, wiederum die eigene Vergangenheit zu entwerten, indem wir uns fragen: Wieso habe ich das nicht schon früher gemacht?

Wir befürchten auch, durch eine Veränderung unser Gesicht zu verlieren oder vielleicht einen schlechten Eindruck zu hinterlassen. Denn jede Veränderung hat ja Konsequenzen und erfordert manchmal, den Konflikt mit einer Person zu riskieren – und das ist uns unangenehm. Da die meisten anderen Menschen auch Probleme in ihren Beziehungen haben und diese oft eine Möglichkeit bieten, sich zu beklagen, gehören wir über unser Problematisieren dazu, bleiben in Gesellschaft.

Erfüllte Beziehungen im privaten wie auch im beruflichen Leben zu führen, ist für die meisten von uns gleichzeitig die größte Herausforderung und unsere größte Sehnsucht. In jedem Menschen ist das Potenzial für Erfüllung angelegt. Warum?

Die erste Unterbrechung

Es geht darum, etwas wiederzuerlangen, das wir schon einmal hatten. Denn wir alle kommen auf die Welt und vertrauen. Wir befinden uns in einem Zustand des Vertrauens, ohne darüber nachzudenken. Wir müssen auf Verschiedenes vertrauen: dass wir gehalten werden, dass uns Nahrung und warme Kleidung gegeben wird, dass die Windel gewechselt wird, dass wir ein Dach über dem Kopf haben. Wir vertrauen einfach, weil es notwendig ist und unser Überleben sichert. Nur denken wir als Baby nicht: »Gut, ich vertraue mal. Das wird wohl das Beste sein und hoffentlich funktionieren.« Dieser Gedanke kann uns vorerst gar nicht kommen, weil wir nur die Erfahrung des Vertrauens kennen. Aus Vertrauen resultieren Freundlichkeit, Fülle und Liebe. Wir kennen in der Regel keine Angst, sind offen, neugierig und bereit, hundertprozentig im Leben mitzuspielen. Wir leben und sind erfüllt in unseren Beziehungen. Bei den meisten Kindern funktioniert das einige Jahre sehr gut. Dieser Zustand ist natürlich und wir erwarten, dass es immer so weiter geht.

Dann geschieht etwas, womit wir nicht gerechnet haben. Es kann sein, die Eltern trennen sich, die Familie muss umziehen, ein naher Verwandter stirbt oder ein Geschwisterchen kommt dazu. Es können auch kleinere Begebenheiten sein, durch welche die ursprüngliche Erwartung, das Leben sei Liebe, Fülle und Vertrauen, unterbrochen wird. Jemand reagiert anders als erwartet, sagt etwas, das verletzt. Wir sind enttäuscht. Und nun? In der Regel schlussfolgern wir, ohne uns dessen bewusst zu sein: »Möglicherweise muss ich vorsichtiger sein, ich darf nicht einfach vertrauen.« Liebe ist für uns nicht mehr selbstverständlich immer da. Zum ersten Mal sind wirklicher Mangel und Schmerz präsent, gepaart mit der Befürchtung, diese jetzt womöglich öfter zu erleben. Ebenso erwacht die Sehnsucht nach der ursprünglichen Erfülltheit. Wir wollen da wieder hin und glauben, etwas dafür tun zu müssen. Außerdem möchten wir das unangenehme Gefühl der Enttäuschung oder Angst nicht mehr spüren. Wir erhoffen uns sogar, uns mit Angst oder Misstrauen und Vorsicht vor einer neuen Enttäuschung zu schützen.

Die Entstehung der Identität

Wir wollen kindgemäß schnell wieder weg von dem Schmerz, der für uns mit dieser ersten Unterbrechung zusammenhängt. Also versuchen wir uns zu erklären, was wohl dazu geführt hat, dass die andere Person in der Situation so gehandelt oder nicht gehandelt oder so gesprochen beziehungsweise nicht gesprochen hat. So kommen uns Gedanken, die uns die Situation erst einmal begreifbar machen.

Wir schlussfolgern etwas über uns selbst, um mit der enttäuschten Erwartung zurechtzukommen. Zum anderen ergibt sich aus dieser Schlussfolgerung ein Handeln, welches zukünftig, wenn genug betrieben, den Schmerz verhindern soll. Ziel ist es, unseren natürlichen Zustand des Geliebtseins, der Fülle, des Vertrauens wiederzuerlangen. Das ist unsere positive Absicht.

Doch leider kommen wir auf diese Weise nur für kurze Momente oder gar nicht an den Ort, an den wir uns sehnen. Je mehr wir ihn anstreben, desto weiter weg rückt er. So beginnt ein Teufelskreis. Auf der Basis von Mangel, Angst und Misstrauen möchten wir die Wiederholung einer für uns mit unangenehmen Emotionen verbundenen Situation um jeden Preis verhindern. Wir streben das Gegenteil an, wünschen uns angenehme Emotionen und wollen vor allen Dingen weg vom Schmerz. Ab und zu gelingt uns das. Doch bekommen wir auch immer wieder eine Bestätigung genau dafür, was wir gerade nicht wollen.

So wird aus der ursprünglichen Schlussfolgerung mit der Zeit eine Identität, für die wir ununterbrochen Beweise und Gegenbeweise sammeln.

Aus der ursprünglichen Unterbrechung haben wir beispielweise die Schlussfolgerung gezogen: »Ich bin nicht gut genug.« Wir glauben, einen Zustand von Fülle und Vertrauen zu erreichen, wenn wir versuchen, doch gut genug zu sein. Gleichzeitig kreist unsere Erfahrung darum, uns einerseits zu beweisen, dass wir gut genug sind und andererseits immer wieder das Gegenteil zu erleben. Das Ganze geschieht impulsiv und unbewusst.

Schauen wir uns zum Vergleich ein Experiment an, das Wissenschaftler mit Flöhen durchführten. Als erstes kamen die Flöhe in ein Glas, das oben offen war. Sie taten, was Flöhe so tun und sprangen hoch über das Glas hinaus. Daraufhin packten die Forscher die Flöhe zurück ins Glas und setzten einen Deckel drauf. Nun taten die Flöhe wieder, was Flöhe eben tun: Sie sprangen hoch und stießen sich den Kopf. Das passierte einige Male hintereinander und tat weh, bis die Flöhe lernten, nur noch bis kurz vor den Deckel zu springen. Da nahmen die Forscher den Deckel des Glases wieder ab. Und was machten die Flöhe? Sie sprangen trotzdem nur bis kurz vor die Stelle, wo zuvor Deckel gewesen war. Der Deckel war nun in ihrem Kopf. Sie hatten das Vermeiden des Schmerzes so automatisiert, dass sie die veränderte Realität – der Deckel ist wieder weg – gar nicht wahrnahmen, sondern sich damit arrangierten, weniger hoch zu hüpfen. Ähnlich eingeschränkt erleben Menschen ihre Beziehungen solange sie unbewusst auf eine Identität festgelegt sind und es in verschiedener Ausprägung darum geht, Schmerz zu vermeiden.

Ein gutes Modell, um den Mechanismus dieses sich selbst erhaltenden Systems zu verstehen, ist der Eisberg.

Das Eisbergmodell

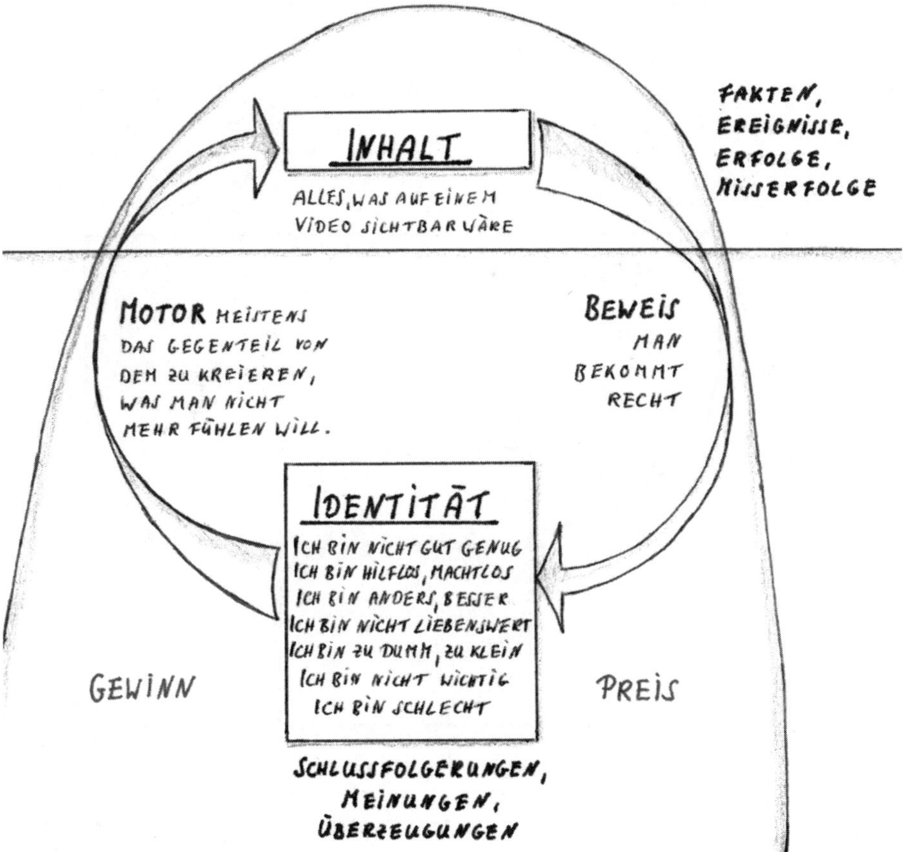

Ihr persönliches Eisbergmodell

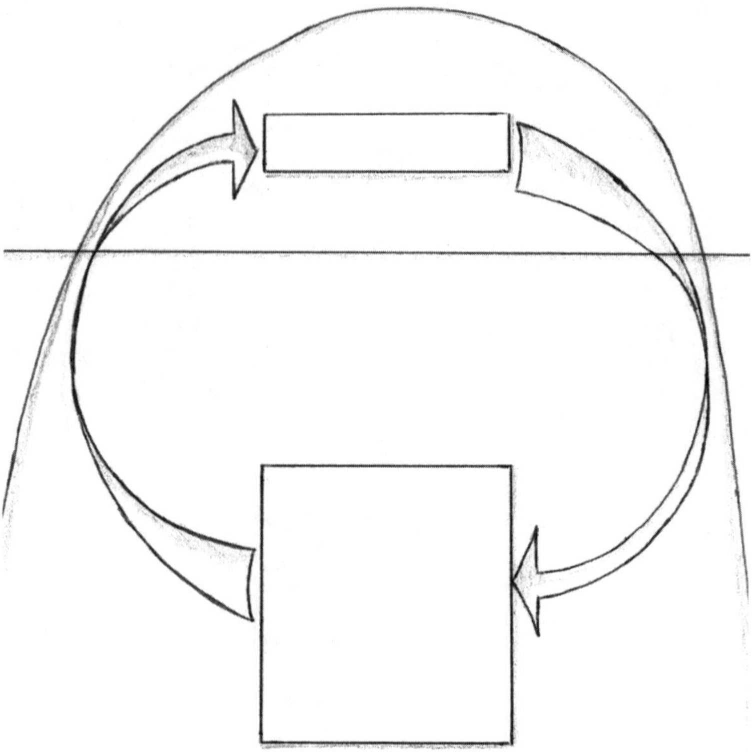

Die Ebenen des Eisberges

Nur ein kleiner Teil des Eisberges ist über dem Wasser sichtbar. Diesen kleinen Teil nennen wir die Inhaltsebene, denn hier sind ganz konkrete Ereignisse, Ergebnisse, Dinge, messbare Abläufe, Handlungen usw. zu sehen.

Der überaus größere Teil des Eisberges befindet sich nicht sichtbar unter der Wasseroberfläche. Das ist die Ebene der Meinungen, Schlussfolgerungen, Überzeugungen, die wir uns im Laufe unseres Lebens aneignen.

Die Unterbrechung, von der oben die Rede war, wäre als konkrete Situation auf der Inhaltsebene angesiedelt. Das, was die Person dabei fühlte, kommt unter der Wasseroberfläche zum Tragen, denn es war ihr zwar nicht bewusst, aber als Gefühl präsent und führte zu einer unbewussten Schlussfolgerung, die sie zog. Obwohl unbewusst und nicht sichtbar, hat diese untere Ebene erhebliche Auswirkungen auf die Ergebnisse und Erfahrungen in unserem Leben. Wir speichern diese Gefühlsinhalte, sie sind der körperliche Aspekt unserer Erfahrung.

Die Dynamik

Grundsätzlich versuchen wir einerseits, dem Schmerz und der damit verbundenen unangenehmen Meinung über uns selbst zu entkommen, indem wir uns und der Welt beweisen wollen, dass wir zum Beispiel doch gut genug sind. Wir sind motiviert, viel dafür zu tun. Insofern wirkt diese unangenehme Meinung wie ein Motor und führt zu vielen positiven Ereignissen und Ergebnissen, die als ganz konkrete Inhalte im oberen Teil des Eisbergs sichtbar werden. Aber wie gehen wir dann mit diesen oft durchaus positiven Ergebnissen um? Häufig registrieren wir sie gar nicht als solche oder wir werten sie ab (»Na ja, so schwer war es doch gar nicht«, »So toll war es gar nicht«) oder wir sorgen dafür, dass jemand anderes sie abwertet. Auf diese Weise schließt sich wieder der Kreis, denn wir bestätigen die unangenehme Meinung im unteren Teil. Das damit verbundene Gefühl ist in etwas abgeschwächter Form wieder da. Das wollen wir aber nicht fühlen, also versuchen wir noch mehr zu tun, um das Gegenteil zu beweisen. So beginnt der Kreislauf aufs Neue. Wir bekommen durch die Inhalte im oberen Teil des Eisbergs immer wieder bestätigt, was wir unter der Wasseroberfläche sowieso schon denken. Diesen Kreislauf durchleben wir viele, viele Male. Dadurch verfestigen sich unsere Meinungen, werden zu Überzeugungen, und manche davon zu einer Identität. Damit grenzen wir unsere Erfahrungsmöglichkeiten selbst ein, da Erfahrungen im sichtbaren Bereich mit unseren Überzeugungen im unsichtbaren Teil zusammenpassen müssen. Das Wirken solcher Überzeugungen lässt sich gut verstehen, wenn wir uns einmal ansehen, wie uns die Meinungen beeinflussen, die wir auch über andere Menschen haben.

Wenn wir zum Beispiel unseren Chef für einen inkompetenten Ausbeuter halten, werden wir sein Verhalten entsprechend interpretieren. Grüßt er uns am Montagmorgen nicht, bestätigt uns sein Nichtgrüßen, was wir eh schon wussten: »Natürlich hat es so ein Ausbeuter nicht nötig, zu grüßen. Der kennt nicht mal die einfachsten Umgangsformen und will die Firma leiten.« Wenn er nun aber am Montagmorgen grüßt, ist unsere Meinung über ihn unbewusst ebenso präsent. Wir werden versuchen, uns sein Grüßen trotzdem dazu passend zu machen. Also sind wir erst mal skeptisch und auf der Hut: »Was will der Chef? Irgendwas kommt noch, vielleicht Überstunden?« Das heißt: Egal, wie sich der Chef verhält, solange er unserer Meinung nach ein inkompetenter Ausbeuter ist, werden wir unsere Erfahrungen mit ihm dieser Meinung anpassen. Das ist die Sogwirkung des unteren Eisbergteils.

Dieser Zusammenhang ist auch unter dem Stichwort »sich selbsterfüllende Prophezeiung« bekannt. Wichtigstes Merkmal ist dabei, dass es sich um großenteils unbewusste Überzeugungen handelt, die sich erfüllen, ohne dass wir den Zusammenhang durchschauen.

Dass wir uns über unseren grüßenden Chef freuen und fröhlich weiterarbeiten, passt einfach nicht zu unserer fest gefügten Meinung. Im positivsten Falle ließen wir uns dazu hinreißen, zu denken: »Dieser inkompetente Ausbeuter hat einen guten Tag oder ein schönes Wochenende gehabt.« Oder wir betrachten es als Zufall, dass er grüßt.

Mit dem Chef sind wir nur fünf Tage die Woche zusammen und wenn das Gehalt stimmt, ließe sich mit dieser Meinung möglicherweise sogar leben. Der Meinung über uns selbst können wir nicht so leicht entfliehen. Und natürlich haben wir auch Meinungen über unsere/n Partner/in, über Frauen, über Männer, über Liebesbeziehungen oder das Leben generell. Alle diese unsichtbaren Meinungen bestimmen, welche Erfahrungen in Beziehungen überhaupt für uns möglich sind. Auf die kollektive Dimension dieser Meinungen und Überzeugungen gehen wir im zweiten Teil ausführlich ein.

Recht haben wollen

Jede unserer Überzeugungen hat für uns einen Preis und einen Gewinn. In der Regel sind wir erst bereit, unsere Überzeugungen überhaupt zu hinterfragen, wenn der Preis den Gewinn deutlich übersteigt.

Wir werden den Preis und den Gewinn unterschiedlicher Überzeugungen im Folgenden ausführlich untersuchen.

Ein entscheidender Gewinn, der hinter jeder unserer Überzeugungen steht, ist, dass wir über etwas Recht bekommen. Dieses Bedürfnis, Recht zu bekommen, ist oft so stark, dass wir eher bereit sind, unglücklich, als im Unrecht über unsere Meinungen zu sein.

Besonders deutlich wird diese Dynamik, wenn wir uns die Ausnahmen von dieser Regel anschauen. Zum Beispiel die Phase der Verliebtheit. Wenn wir frisch verliebt sind, haben wir kein Problem damit, mit unseren sonst so schwer wiegenden Überzeugungen im Unrecht zu sein. In dieser Zeit halten wir es aus, für den anderen die Traumfrau oder der Traummann zu sein und genießen alles, was damit zusammenhängt: gute Gespräche, viel Nähe und eine beglückende Sexualität. Wir genießen das Leben, halten Partnerschaft für das Größte überhaupt und sind glücklich.

Hier wird schon deutlich, dass Rechthabenwollen und Glücklichsein nicht gleichzeitig möglich sind, zumindest solange nicht, wie ein sehr großer Teil unserer Überzeugungen unförderlich für uns und andere ist.

Eine Überzeugung, die für uns kollektiv selbstverständlich ist, heißt: »Das Verliebtsein geht vorbei.« Und diese unsichtbare, im Kollektiv verankerte innere Überzeugung, angesiedelt im unteren Teil des Eisberges, sorgt dafür, dass wir Beweise für die Endlichkeit der Verliebtheit bekommen. Die einen früher, die anderen später. Es ist nur eine Frage der Zeit. Man kann den Zeitpunkt der Ernüchterung bestenfalls hinauszögern oder hoffen, dass das Prickeln beim nächsten Mal länger anhält. Auf jeden Fall sorgen wir dafür, dass das »Glücklichsein« begrenzt ist und der Überlebensmechansimus »Recht bekommen« in unserem Leben wieder die Oberhand gewinnt.

Wenn die nächste Partnerschaft zu Ende geht und wir irgendwann resignieren, tut es nicht mehr so weh, denn den anderen geht es ja auch nicht anders, wir sind nicht allein. Das tröstet. Über diese wiederholte Bestätigung wird auch der Zusammenhalt mit den anderen gestärkt, bei denen es mit der Beziehung ebenfalls nur begrenzt funktionierte.

Wenn uns unsere Erfahrungen und Ergebnisse in Beziehungen nicht gefallen, schauen wir gewöhnlich auf den oberen Teil des Eisbergs und versuchen, ausschließlich dort etwas zu verändern. Es war nicht der richtige Partner, nicht die richtige Partnerin. Wir suchen und finden Gründe, die das Scheitern der Beziehung rechtfertigen und investieren viel Kraft und Zeit in die Suche nach der richtigen Methode, die uns unserem angestrebten Inhalt oder unserem Glück näher bringen soll. Wir wollen ein für immer geltendes Rezept, das uns vorgibt, welche Zutaten wir wie vermengen müssen. Doch jede Methode und jedes Rezept ist begrenzt und führt nicht dauerhaft zu der Erfüllung, nach der wir uns sehnen.

Wir können uns schließlich in unserer Begrenzung einrichten, weiter hoffen und uns sagen, dass wir es ja wenigstens versucht haben.

Die Wirkung unserer unbewussten Überzeugungen wird stark unterschätzt. Die untere Ebene des Eisbergs ist deutlich machtvoller als die obere. Wenn uns unsere Erfahrungen in Beziehungen nicht mehr gefallen oder wir uns mehr Qualität, zum Beispiel mehr Nähe, eine klarere Kommunikation, erfüllende Sexualität wünschen, liegt der Schlüssel darin, dem unteren Teil des Eisberges Aufmerksamkeit zu widmen.

Der erste Schritt für das Entstehen neuer Inhalte beziehungsweise Erfahrungen ist zu erkennen, was wir in Wahrheit über uns und andere, über Partnerschaft allgemein, über das Leben denken. Solange wir diese untere Ebene ignorieren, werden wir immer wieder ähnliche Inhalte, in jedem Fall begrenzte Erfahrungen produzieren. Die Sehnsucht danach, anzukommen oder gut genug zu sein, wird bleiben, doch das erhoffte Gefühl wird ausbleiben. So werden unsere Beziehungen unerfüllt bleiben oder immer wieder in die Brüche gehen.

Das Erkennen der unbewussten inneren Überzeugungen ist der erste und ein entscheidender Schritt zum möglichen aktiven Wandel.

Anerkennen, was ist

Das alles ist weder gut noch schlecht. Entscheidend für ehrliche Erkenntnisse und einen späteren Wandel ist die Bereitschaft, das eigene Leben wertneutral und interessiert zu betrachten. Dabei ist es sehr wichtig, wohlwollend mit sich selbst zu sein, denn wenn wir uns wegen unserer Vergangenheit abwerten, können wir uns nicht weiterentwickeln.

Außerdem tun wir nichts ohne eine positive Absicht. Der erste und ein entscheidender Schritt, um neue, andere Erfahrungen in Beziehungen machen zu können, ist also, anzuerkennen, was ist.

Damit ist gemeint, dass wir uns unsere inneren Überzeugungen anschauen und anerkennen, dass wir sie haben, gerade auch dann, wenn sie uns nicht gefallen. Auch das Anerkennen der Auswirkungen dieser Überzeugungen ist oft eine Herausforderung. Wir haben die Erfahrung gemacht, dass es sich dennoch lohnt, denn solange wir in unbewussten Verhaltensmustern gefangen sind, halten wir Glück und Erfüllung von uns fern. Neue Erfahrungen von sich selbst zu ermöglichen erfordert Mut und Offenheit.

Der Preis und der Gewinn

Am Beispiel der Überzeugungen über uns selbst ist zu erkennen, dass jede Überzeugung einen Preis und einen Gewinn hat. Mit dem Preis kommen wir relativ schnell in Berührung. Das ist der Ärger, den wir fühlen, all der Frust über die Ergebnisse, die wir nicht bekommen und der Schmerz und die Verzweiflung über unsere unerfüllten Beziehungen.

Die Seite des Gewinns zu betrachten ist ungewöhnlich und erfordert die Bereitschaft, sich nicht als Täter/in oder Opfer der Umstände, sondern als Regisseur/in, Schöpfer/in oder Urheber/in der eigenen Lebenserfahrung zu verstehen. Das ist ein sehr kraftvoller Standpunkt, der Erkenntnis und individuelle Transformation ermöglicht. Je älter wir werden, desto mehr kommen wir mit dem jeweiligen Preis unserer Überzeugungen in Kontakt und ahnen, dass ein tiefer liegendes Muster dahinter steckt, welches unerkannt wirkt und uns in unseren Erfahrungsmöglichkeiten immer mehr einengt beziehungsweise auf eine bestimmte Art von Beziehungen festzulegen scheint.

In der Regel ist es nicht leicht, das eigene Muster in vollem Umfang zu durchschauen. Da geht es uns wie dem Fisch im Wasser, der das Wasser nicht sieht, weil es für ihn ganz selbstverständlich da ist und er am allerwenigsten ahnt, dass darüber auch noch Luft existiert. Wir haben uns im Laufe unseres Lebens so mit unseren Meinungen und

Überzeugungen identifiziert, dass es für uns selbst sehr schwer ist, diese getrennt von uns selbst zu betrachten und sie auf ihre Förderlichkeit zu überprüfen. Unbewusst befürchten wir, ohne sie nicht überleben zu können. Der Fisch stirbt tatsächlich außerhalb des Wassers.

Das Erkennen unserer Muster gibt uns die Möglichkeit, uns in Beziehungen mit unserer ganzen Lebendigkeit zu entfalten. Deshalb möchten wir Sie ermutigen, sich diesem Erkenntnisprozess zu öffnen.

Da wir sehr viele innere Überzeugungen haben, die alle ihre Wirkung entfalten, beginnen wir mit dem Aspekt, der einerseits sehr individuell ist, sich gleichzeitig aber sehr machtvoll in Beziehungen auswirkt: der Überzeugung über uns selbst, die wir als Identität bezeichnen. Wir sprechen hier von Identität, da diese Überzeugung eng mit einem Gefühl von uns selbst verbunden ist und wir ohne sie gar nicht wüssten, wer wir sind. Dennoch ist diese Überzeugung in den meisten Fällen unbewusst.

Mit jeder Überzeugung/Identität schwingt ein Hauptthema mit, das sich von einem bestimmten Zeitpunkt an wie ein roter Faden durch unser Leben zieht. Wir pendeln dabei jeweils zwischen Beweis und Gegenbeweis. Dieses Hauptthema können wir auch über ein immer wiederkehrendes Problem erkennen. Eine Annäherung kann erfolgen, indem wir uns fragen: »Was versuche ich um jeden Preis zu vermeiden? Welche Erfahrung möchte ich auf keinen Fall machen?« Oder: »Was will ich um jeden Preis erreichen?« Und letztlich: »Worum geht es in meinem Leben eigentlich?«

Auch bei jedem Problem gibt es einen Gewinn, der das Problem aufrechterhält und die Lösung verschleiert. In der folgenden Liste mit Beispielen wurde der jeweilige Gewinn von den betroffenen Menschen selbst als solcher erkannt und ausgesprochen. Zu einer solchen

Erkenntnis können wir immer nur selbst gelangen, sie kann uns nicht von außen eingeredet werden. Obwohl der Gewinn und auch der Preis subjektiv und sehr vielfältig sein können, lassen sich in den Beispielen wiederkehrende Gemeinsamkeiten feststellen. Dies erleichtert den eigenen Zugang. Es geht hier nicht darum, dass alles auf Sie zutrifft, sondern darum, dass Sie in den folgenden Ausführungen Ihr persönliches Beziehungsmuster wieder finden, auch wenn nicht alle Einzelheiten übereinstimmen.

Wenn die Menschen, mit denen wir sowohl in Seminaren als auch in der Einzel- beziehungsweise Paararbeit arbeiteten, den Gewinn ihrer jeweiligen Identität und ihres Problems erkennen konnten, ließ der Schmerz nach. Ihr Erleben von sich selbst veränderte sich und neue, beglückendere Beziehungserfahrungen wurden möglich. Das Erkennen und Benennen des eigenen roten Fadens und das Verstehen der daraus resultierenden Beziehungsdynamik ist ein ausgesprochen machtvoller erster Schritt. Danach haben Sie wieder die Wahl, ob Sie weiter für unförderliche Überzeugungen Beweise sammeln oder ob Sie das Wagnis eingehen wollen, vielleicht doch Glück und Erfüllung zuzulassen. Dies ist wie alles im Leben ein persönlicher Prozess, der mal langsam und mal schneller voranschreitet. Es handelt sich nicht um ein Rezept, das ab sofort und für immer gilt.

Im Märchen vom Rumpelstilzchen geschieht etwas Ähnliches. Solange die junge Königin den Namen des erpresserischen Männleins nicht kennt, wird sie von ihm beherrscht. Er kann eine Forderung nach der anderen stellen. Zuerst versucht die Königin, sich damit zu arrangieren, indem sie ihm alles recht machen will. Doch der Zwerg wird immer unverschämter, fordert immer mehr. Als er schließlich ihr Neugeborenes will, ist ihr der Preis zu hoch und sie setzt alles in Bewegung, um seinen Namen herauszufinden. In dem Moment, wo sie ihn ausspricht, wird Rumpelstilzchen fürchterlich wütend – und löst sich schließlich in Luft auf.

Sobald wir das aussprechen, was wir auf der unteren Ebene des Eisberges gespeichert haben, das, was wir wirklich über uns selbst denken, verliert es sofort an Gewicht. Das bewusste Durchdringen und Verstehen des unteren Teils macht ein neues Erleben von Beziehungen erst möglich.

Oft haben wir erst die Bereitschaft, etwas zu verändern, wenn uns der Preis zu hoch wird. Dann haben wir den so genannten Leidensdruck. Manchmal werden wir auch durch eine plötzliche Veränderung der äußeren Umstände zum Wandel gezwungen. Und natürlich ist es auch möglich, dass wir uns diesem Erkenntnisprozess aus Interesse an persönlicher Erweiterung und Vertiefung von Beziehungen stellen. Die folgende Liste mit Beispielen kann diesen Prozess unterstützen und beschleunigen.

Wir haben mehrere Aspekte von all den genannten Identitäten aufgeführt, doch es ist immer nur eine, die sich als roter Faden durch unser Leben zieht. Wenn Sie zwischen mehreren schwanken, entscheiden Sie sich für die, die Sie emotional am meisten trifft: zum Beispiel für das, was Sie verletzen würde, wenn Ihr Partner oder Ihre Partnerin so von Ihnen denken oder sprechen würde. Vielleicht kommt beim Lesen einer bestimmten Identität auch die Erinnerung an mit Schmerz und Trauer verbundene Erlebnisse hoch. Manchmal ist es auch genau die Identität, die wir am weitesten von uns weisen würden.

Die sieben Identitäten

Ich bin …	**Lebensthema**
1. ohnmächtig, machtlos, hilflos, wehrlos, ausgeliefert	Macht/Autonomie, Selbstbestimmung
2. unerwünscht, unwichtig, nicht wichtig	Existenzberechtigung
3. nichts wert, nicht liebenswert, wertlos	Selbstwert
4. unzulänglich, ein/e Versager/in, nicht gut genug, nichts Besonderes	Kompetenz
5. zu klein, zu schwach, zu doof, zu dumm	geistige/körperliche Kapazität
6. schlecht, falsch, böse, das Letzte	Moral
7. anders, etwas Besseres, etwas Besonderes, ein Sonderling	Exklusivität

Um Ihre Identität, Ihren roten Faden herauszuarbeiten, können Sie sich folgende Fragen stellen:

- An welche Unterbrechung aus meiner Kindheit erinnere ich mich?
- Wie habe ich mich in der Situation gefühlt?

- Welche Schlussfolgerung über mich könnte ich aus heutiger Sicht daraus gezogen haben?
- Als ich mich nicht mehr geliebt beziehungsweise getrennt gefühlt habe, welche Schlussfolgerung habe ich da über mich gezogen?
- Womit habe ich versucht, mich vor diesem Gefühl zu schützen?
- Welche Überzeugung über mich bekomme ich durch meine immer wiederkehrenden Probleme bestätigt?
- Was glaube ich, denken andere darüber, wer ich bin?
- Was will ich auf keinen Fall, das andere über mich denken?
- Welche Meinung habe ich über das Leben?

Im Folgenden untersuchen wir an Beispielen die Unterbrechung, die zum Entstehen einer Identität führen kann sowie Gewinn und Preis der jeweiligen Identitäten. Manchmal kommen wir der Identität eher durch ein wiederkehrendes Problem oder Muster auf die Spur. Manchmal sind es traumatische Erfahrungen, die zur identitätsbildenden Überzeugung führten. Dann wiederum sind es subjektiv einschneidende Ereignisse gewesen, die für Außenstehende vielleicht vergleichsweise harmlos wirken. Für das Erkennen der eigenen Identität ist es wichtig, der eigenen subjektiven Betrachtungsweise zu trauen und zu folgen.

Auswirkungen der Identität: Gewinn und Preis der einzelnen Identitäten

Ich bin hilflos, machtlos, ohnmächtig, wehrlos, ausgeliefert

Maria war sieben Jahre alt, als sie einmal allein unterwegs war und sich versehentlich mit der Schirmspeiche ins Auge stach. Zu Hause sagte Maria nichts. Doch ihr Bruder bemerkte, was passiert war und er sagte der Großmutter Bescheid, die Maria sofort ins Krankenhaus fuhr. Dort saß sie in einem Raum mit anderen Patienten, die alle älter waren als sie. Drei Schwestern gingen mit einer Riesenspritze herum und betäubten einen nach dem anderen am Auge. Maria sah das und bekam große Angst. Als sie an der Reihe war, wehrte sie sich mit Händen und Füßen. Die drei Schwestern hielten sie fest und gaben ihr die Spritze. Maria wurde operiert und bekam ein Glasauge. Marias Schlussfolgerung lautet: »Ich bin wehrlos.«

PETRA erkrankte im Alter von zwei Jahren an Gehirnhautentzündung, wurde sofort von ihren Eltern ins Krankenhaus gebracht und von ihnen isoliert. Sie erinnert sich noch genau an das Gefühl, das sie hatte, als sie allein auf dem Krankenbett festgeschnallt am Tropf lag. Sie fühlte sich ausgeliefert und machtlos. Das war auch ihre Schlussfolgerung über sich selbst, die ihr zur Identität wurde.

In ihren ersten, sehr intensiven, sexuell erfüllenden Partnerschaften machte sie wiederholt die Erfahrung, dass ihre Freunde entweder durch Unfälle oder Krankheit starben. Wieder machte sie die Erfahrung, in diesen Situationen machtlos zu sein, da sie weder die Unfälle noch die Krankheit verhindern konnte. Es stand nicht in ihrer Macht, diese geliebten Männer im Leben zu halten. In gewisser Weise fühlte sie sich für deren Tod mitschuldig. Sie heiratete schließlich einen Mann, bei dem sie das Gefühl hatte, dass er ganz sicher nicht sterben würde. Mit ihm bekam sie zwei Kinder, verkümmerte jedoch emotional und sexuell und trennte sich nach sechs Jahren wieder von ihm.

Auf die Frage, wann er sich in seiner frühen Kindheit machtvoll gefühlt habe und was dann passiert sei, fällt TORSTEN folgendes Ereignis ein:

Er war sechs Jahre alt und spielte mit seinen Freunden in einem Keller. Es gab da eine verschlossene Kellertür, hinter der die Kinder spannende Dinge vermuteten. Torsten erzählte seinen Freunden, dass der Keller seinem Opa gehöre, obwohl er es nicht genau wusste. Die anderen glaubten ihm und brachen quasi in den Keller ein. Torsten fühlte sich machtvoll, weil alle ihm glaubten und er der Anführer der Gruppe sein konnte.

Später kamen die Nachbarn, die eigentlichen Besitzer des Kellers, vorbei, um mit seinen Eltern zu sprechen. Torsten wurde zur Rechenschaft gezogen und es war ihm sehr unangenehm. So schlussfolgerte er offensichtlich: Es geht nie gut aus, wenn man machtvoll ist.

Torsten wollte das nie wieder so erleben und beugte vor, indem er sich fortan zurückhielt. Er hatte eine Freundin, mit der er während seiner Ausbildung eine Fernbeziehung führte, weil er in einer anderen Stadt lebte. Als er nach der Lehrzeit zurück in seinen Heimatort kam und ihr, wie versprochen, einen Heiratsantrag machen wollte, küsste sie demonstrativ einen anderen. Sie heirateten trotzdem und bekamen drei Kinder. Torsten fühlte sich jedoch entmachtet. Seine Frau hatte das Sagen in der Beziehung und er fühlte sich neben ihr als Verlierer. Es gefiel ihm vieles nicht, jedoch hatte er nicht die Kraft, sich ihr zu widersetzten und sich für die Erfüllung seiner Bedürfnisse einzusetzen. Nach 20 Jahren Ehe verließ er sie schließlich.

Der Gewinn

Da Personen mit dieser Identität die Erfahrung gemacht haben, in irgendeiner Form überwältigt worden zu sein, scheint es für sie sicherer, aus der Distanz zu überleben. So erlebt man diese Menschen in erster Linie zurückhaltend. Sie beobachten lieber, als wirklich mitzuspielen. Sie haben für sich selbst die Rechtfertigung, dies tun zu müssen, weil sonst wieder das Risiko besteht, in eine schreckliche Situation zu geraten.

Petra hatte mit ihrem Ehemann eine lauwarme Beziehung. Das war ihr lieber, als noch mal den Schmerz des Verlustes eines geliebten Menschen zu erleben. Sie vermied es auch, sich innerlich wirklich auf ihren Mann einzulassen. Sie vermied Verantwortung und Nähe, um Schuld zu vermeiden.

Ein anderer Gewinn dieser Identität ist, dass man auf dem Beobachterposten für andere nicht angreifbar und messbar ist. Man kann sich gut verstecken und hat aufgrund der Vergangenheit die Rechtfertigung dafür, dies tun zu dürfen. Man muss nicht die Verantwortung für das übernehmen, was einem geschieht. Das Thema dieser Identität ist Macht und Autonomie beziehungsweise Fremd- und Selbstbestimmung. Diese Menschen möchten einerseits von ihrem Ohnmachtsgefühl unbedingt weg und wollen möglichst selber entscheiden. Oft machen sie einen autonomen und selbstbestimmten Eindruck. Sie sind sogar häufig Selbstständige.

Grundsätzlich stellen diese Menschen ihre Macht und Selbstbestimmtheit aber in Frage. Sie schwanken immer zwischen Beweis und Gegenbeweis ihrer Ohnmacht.

Sie werden dafür sorgen, dass äußere Umstände ihre Macht begrenzen und zwar Umstände, die sie auf keinen Fall beeinflussen können, Einflüsse, die größer sind als sie. Der Gewinn besteht darin, dafür keine Verantwortung übernehmen zu müssen.

Manche befürchten auch, Unheil heraufzubeschwören, wenn sie ihre Macht zulassen.

Der Preis

Das eigene Machtpotenzial leugnen zu müssen ist anstrengend. Es ist anstrengender, unser Licht zu verstecken, als es leuchten zu lassen. Innerhalb dieser Identität können wir uns nicht entscheiden, bei bestimmten Partner/innen Einfluss zu haben und bei anderen eben nicht. Sie verhindert grundsätzlich Entwicklung und Entfaltung in Beziehungen, da unbewusst immer in irgendeiner Form für Abstand gesorgt werden muss. Wirkliche Nähe ist einfach zu bedrohlich. Sie kann, wenn überhaupt, nur bei solchen Menschen zugelassen werden, die auf keinen Fall so stark sind, dass eine Überwältigung möglich werden könnte, zum Beispiel bei Kindern oder bei alten oder kranken Menschen. Nähe zu ebenbürtigen oder vermeintlich stärkeren Partner/innen wird vermieden. Es kostet auch Energie, eine Warteposition einzunehmen, immer darauf zu warten, dass der Ball einem von anderen zugespielt wird beziehungsweise einfach vorbeirollt. Die Gefahr, bestimmte Qualitäten im Leben wie Nähe, Intimität und

Ekstase zu verpassen, ist groß. Wer sich auf gar keinen Fall ausliefern möchte, kann sich auch nicht wirklich hingeben.

Ich bin unwichtig, nicht wichtig, unerwünscht

Angelika ist 14 Monate alt, ihre kleine Schwester wurde gerade geboren, da verschluckt sie eine Haarklammer und muss ins Krankenhaus eingeliefert werden. Dort wird sie operiert und muss sechs Wochen ohne Kontaktmöglichkeit zu den Eltern in der Klinik bleiben. Aufgrund dieser Situation schlussfolgert sie unbewusst: »Ich bin unerwünscht.« Angelika hatte in ihrem Leben zwei fünfjährige Partnerschaften und später Affären.

Der Gewinn

Menschen mit dieser unbewussten Überzeugung über sich selbst haben gelernt, sich anzupassen und stellen den Kampf ums Überleben ins Zentrum ihrer Erfahrung. Menschen mit dieser Identität stellen grundsätzlich ihre Existenzberechtigung in Frage. Daher glauben sie, sich diese erarbeiten zu müssen, indem sie nicht stören, keinen Ärger machen und durch ihre Anwesenheit das Leben der anderen einfacher machen. Als Angelikas Schwester geboren wurde und sie gleich darauf ins Krankenhaus »abgeschoben« wurde, glaubte Angelika, ihre Eltern würden ihre gesamte Liebe und Fürsorge nur noch der kleinen Schwester entgegenbringen. Ihre eigene Daseinsberechtigung wurde überschattet. Das wollte sie intuitiv ausgleichen und sie begann, viel zu tun. Sie übernahm viel Verantwortung und machte wenig Ärger. Indem wir tun, sind wir beschäftigt und glauben so, unsere Existenz zu sichern. Das aktive Handeln überdeckt den Schmerz der Unwichtigkeit und Unerwünschtheit. So wird der Schmerz beziehungsweise dessen Vermeidung kontrollierbar. Über ihr Tun und insbesondere indem sie viel reden und sich erklären, erlangen diese Menschen Wichtigkeit. Sie sind äußerst kreativ und neigen dazu, Aufgaben an sich zu reißen – immer darum bestrebt, der Welt ihre Existenzberechtigung zu beweisen.

Die durch aktives Handeln erlangten Erfolge erzeugen scheinbar eine innere Stärke und den Eindruck, auch allein sehr gut zurechtzukommen. Solange wir selbst unsere Existenzberechtigung in Frage stellen, ist es mitunter einfacher, uns an anderen zu orientieren und ihnen zu folgen. Auch das ist ein Gewinn dieser Identität.

Der Preis

Solange wir um unsere Daseinsberechtigung kämpfen müssen, haben wir viel Kampf auf den verschiedensten Ebenen und natürlich auch in unseren Beziehungen. In diesem Kampf testen wir in gewisser Weise unser Gegenüber, um zu sehen, ob es mithalten kann. Solange es mitkämpft, haben wir eine Bestätigung, dass ein Interesse an unserer Person besteht. Viel Kampf ist anstrengend und erschöpft. Irgendwann kann und will der Körper einfach nicht mehr kämpfen müssen, aber wer sind wir dann? Wer bleibt dann bei uns?

Menschen mit dieser Identität haben oft einen ausgeprägten Mangel an menschlicher und körperlicher Nähe. Sie haben kaum liebevolle Beziehungen und Gemeinsamkeit in ihrem Leben, weil sie dies gar nicht aushalten würden. Gleichzeitig sehnen sie sich nach nichts mehr, als einfach um ihrer Selbst willen angenommen, gehalten und gesehen zu werden. Das Ausbleiben dieser Gefühlsqualitäten ist wohl der größte Preis, den sie zahlen. Am Ende sind sie sehr selbstständig, aber allein. Die Erfahrung, geliebt und erwünscht zu sein, passt nicht zu dieser Identität, würde sie zutiefst ins Unrecht setzen. Menschen mit dieser Identität würden niemals geradeheraus sagen, was ihre eigenen Bedürfnisse sind und es fällt ihnen sehr schwer, Forderungen zu stellen. Dadurch werden sie auch oft ausgenutzt und sind ständig überlastet.

Da diese Menschen so von ihrem Unerwünschtsein überzeugt sind, ist es für andere Menschen schwer, sie zu erreichen. Ein liebender Partner setzt diese Identität komplett ins Unrecht. Das hält der »unerwünschte Mensch« nur begrenzt aus. Er wird dafür sorgen, dass der andere sich zurückzieht und so wieder einen Beweis für die eigene Unerwünschtheit liefert.

Ich bin nicht liebenswert, minderwertig, nichts wert, wertlos

Susanne wuchs mit Mutter und Stiefvater auf. Irgendwann begann der Stiefvater, sie sexuell zu missbrauchen. Die Mutter schaute nicht hin. Einerseits kokettierte Susanne mit dem Interesse des Stiefvaters, andererseits fühlte sie sich von der Mutter im Stich gelassen. Ihre Schlussfolgerung: »Ich bin wertlos, sonst hätte mich meine Mutter beschützt.« Später hatte Susanne Beziehungen zu Männern, die ihrer Meinung nach entweder zu stark oder zu schwach waren. Beide Sorten gaben ihr nicht, wonach sie sich sehnte. Die Beziehungen hielten immer nur kurz.

Helga war fünf Jahre alt, als sie mit der Großmutter, ihren Geschwistern und den Eltern beim Abendbrot saß und Appetit auf Wurst hatte. Die Großmutter sagte: »Wurst gibt es nicht, wir sind arm.« Helga musste verzichten. Als sie später gerne reiten lernen wollte, ging auch das nicht. Helga schlussfolgerte daraus, minderwertig zu sein, da bestimmte Dinge für andere möglich waren, für sie selbst aber nicht. Ihre unbewusste kindliche Erklärung lautete: »Wer im Mangel leben muss, ist weniger wert als andere.«

In ihren Beziehungen gab sich Helga immer sehr engagiert. Sie lebte 20 Jahre mit ihrem Mann zusammen, managte den Haushalt, sorgte für die Kinder, das Haus und den Garten und machte die Buchhaltung im mittelständischen Unternehmen ihres Mannes. Irgendwann trennte sich ihr Mann von ihr. Helga fiel aus allen Wolken. In der Krise bemerkt sie zum ersten Mal, dass sie in der Beziehung auch nicht glücklich gewesen war.

Der Gewinn

Das Thema Selbstwert ist der rote Faden, der sich durch das Leben von Menschen mit dieser Identität zieht. Wer den eigenen Wert in Frage stellt, hat die positive Absicht, Enttäuschungen von anderen zu vermeiden. Solange wir uns selbst nicht für liebenswert halten, erwarten wir auch nicht, langfristig von unseren Partner/innen geliebt zu werden. Die Hoffnung ist da und damit auch die Möglichkeit, positiv überrascht zu werden. Weiterhin haben Menschen mit dieser Identität einen Grund, viel für andere zu tun, um sich ihren Wert zu erarbeiten. Sie tun viel für den/die Partner/in und erhoffen sich darüber zum Ausgleich Liebe, Wert und Anerkennung. Das ist wiederum an sich schon ein Antrieb und gibt diesen Personen die Möglichkeit, sich über dieses Tun für andere selbst wahrzunehmen, zu identifizieren und gleichzeitig von sich selbst und der eigenen Befürchtung abzulenken. In gewisser Weise erlaubt ihnen diese Identität, in der Absicht Gutes zu tun, bei anderen Grenzen zu überschreiten. Menschen mit dieser Identität sind immer hilfsbereit und wissen, was für andere gut ist, manchmal ohne danach gefragt zu werden. Sind solche Menschen in Führungspositionen, haben ihre Mitarbeiter/innen mitunter das Gefühl, es ihnen nicht recht machen zu können. Die Messlatte wird immer höher gelegt. Sie richten ihren Fokus auf das, was nicht funktioniert, um die anderen zu motivieren, es noch besser zu machen. Darüber können sie Kontrolle ausüben. In dem Moment, wo sie nicht mehr helfen, fördern und Rat geben können, ist die Existenz solcher Menschen bedroht.

Wenn wir selbst schon davon überzeugt sind, nicht liebenswert zu sein, sind wir gegen Kritik oder Ablehnung in der Beziehung gefeit. Wir haben einen Panzer, der uns davor schützt, allzu viel Schmerz zu spüren, weil uns unser Gegenüber letztlich nichts Neues sagen kann. So ist diese Identität eine Konstruktion, die hilft, Enttäuschung und Verantwortung für sich selbst zu vermeiden.

Menschen, die sich als »wertlos« identifizieren, sind sehr darauf bedacht, nicht in ihrem Selbstwertgefühl verletzt zu werden und so haben sie auch eine große Sensibilität und viel Verständnis für die Bedürfnisse anderer. Sie vermeiden es, anderen weh zu tun, zumindest solange sie sich darüber eigenen Wert erhoffen. Manchmal suchen diese Menschen ausführliche Gespräche, in denen sie ihren Mitmenschen ihre Befindlichkeiten mitteilen und rechtfertigen. Das Rechtfertigen ist wie die Erlaubnis, den eigenen Wert zumindest vor sich selbst zu behaupten. Der Gewinn ist auch, eine Rechtfertigung für Gesprächsbedarf zu haben. Menschen mit dieser Überzeugung stellen Nähe in erster Linie über Gespräche oder viel Tun für andere her. Kommt es in Beziehungen zu Enttäuschungen, werden sie von anderen oft als das bedauernswerte Opfer gesehen, welches Mitleid und Verständnis verdient. So bekommen sie Aufmerksamkeit. Schuld am Unglück »wertlos« identifizierter Menschen ist der Partner oder die Partnerin. In diesem Stadium der Zerrüttung schlägt die Hilfsbereitschaft in den Wunsch nach Rache um.

Der Preis

Es kostet viel Energie, immer viel für andere tun zu müssen. »Wertlos« identifizierte Menschen spüren oft die eigene Erschöpfung nicht oder sehr spät. Sie leisten tatsächlich viel und bekommen nicht im Ansatz die Anerkennung, die sie sich wünschen, weder verbal noch emotional und schon gar nicht in Form von Geld. Sie sorgen in gewisser Weise dafür, dass andere scheinbar selbstverständlich immer noch mehr von ihnen wollen. Das liegt zum Teil daran, dass damit unbewusst eine Form der Bestätigung einhergeht. Die Umgebung der sich als »wertlos« identifizierenden Menschen spielt mit, weil ihnen nahe stehende Menschen unbewusst vermeiden wollen, dass diese sich schlecht fühlen.

Ein anderer Aspekt ist, dass Menschen mit der Überzeugung »wertlos« zu sein, geben um zu bekommen. Es handelt sich hier um einen versteckten, unbewussten Deal. Dies lässt die anderen ebenfalls unbewusst Anerkennung zurückhalten, immer noch mehr verlangen oder mitunter die angebotene Hilfestellung nicht annehmen. In allen Fällen stellt sich bei der »gebenden« Person die Frage über ihren Selbstwert, sie fühlt sich nicht gesehen, nicht geachtet und ungerecht behandelt. Für ihre Mitmenschen ist weder das Annehmen noch das Ablehnen des Engagements einfach. In beiden Fällen schwingt ein diffuses, schwer greifbares Unbehagen mit. Etwas ist nicht in Balance. Das macht das Leben in Beziehungen für Menschen dieser Überzeugung in jeder Hinsicht schwer und anstrengend. Wenn sie endlich Anerkennung bekommen, hören sie diese nicht. Es fällt ihnen sehr schwer, Wertschätzung anzunehmen und auszuhalten. Einerseits sehnen sie sich zutiefst danach, andererseits hätten sie dann Wert und wären mit ihrer Meinung über sich selbst im Unrecht. Da es dann keinen Grund für das viele Tun gäbe, halten sie Anerkennung unbewusst von sich fern. Verkürzt gesprochen: Ohne Tun kein Wert, kein Leben. Das ist bedrohlich. Diese Angst ist unbewusst präsent.

Ich bin nicht gut genug, nichts Besonderes, unzulänglich, ein/e Versager/in

Anne ist sieben Jahre alt und Mathe ist ein Fach, mit dem sie sich in der Schule schwer tut. Eines Tages kommt sie mit der guten Nachricht nach Hause, dass sie in der Mathearbeit eine Zwei geschrieben hat. In der Erwartung, dass sich ihre Mutter sehr mit ihr freut, sagt sie: »Ich hab eine Zwei in der Mathearbeit!« Die Mutter reagiert aber nicht wie erwartet, sondern antwortet: »Bring mal bitte den Mülleimer raus.«

Anne ist enttäuscht und versucht, sich emotional zu beruhigen. Unbewusst zieht sie die Schlussfolgerung: »Wahrscheinlich war das nicht gut genug. Hätte ich eine Eins nach Hause gebracht, hätte sie sich mit mir gefreut und sich Zeit für mich genommen.« Das alles läuft nicht in klaren, benennbaren Gedanken, sondern eher auf der Gefühlsebene ab.

Von nun an versucht Anne, noch besser zu sein, sie tut ganz viel, um sich selbst und der Welt zu beweisen, doch gut genug zu sein. Sie erreicht auch viel, denn diese Schlussfolgerung wirkt wie ein Motor, der sie antreibt. Gleichzeitig wird es für sie selbst nie gut genug sein, weil sie ihre eigenen Erfolge nur begrenzt registriert und die Messlatte sofort ein Stück höher hängt, sich also sofort neue, noch höhere Ziele steckt, die sie dann wieder erreichen kann oder ihre Erfolge abwertet, nach dem Motto: »Glück gehabt«, »Zufall«, »Das könnte man noch besser machen, aber immerhin«, »So toll war es gar nicht« usw. Manchmal bekommt Anne auch von anderen Rückmeldungen, die sie in ihrer Kompetenz entwerten (»Das kannst du besser«, »Ich würde von dir auch erwarten, dass ...«), denen sie allerdings mehr Gehör schenkt, als denen, die Anerkennung ausdrücken.

So sehr sie auch danach strebt und egal, wie viele und große Erfolge sie hat, fühlt sich Anne immer nur kurzfristig oder nie gut genug. Am Ende fühlt sie entweder nichts, ist ausgebrannt oder denkt: »Ich bin nicht gut genug.«

In Partnerschaften wirkte sich diese Identität bei Anne folgendermaßen aus: Anne glaubte schon oft, ihrem Traummann begegnet zu sein. Da war zum Beispiel Thomas. Schon als sie ihn zum ersten Mal sah, fand sie ihn einfach toll und wollte ihn. Ein ganzes Jahr lang bemühte sie sich, mehr in sein Blickfeld zu geraten. Sie ersann immer neue Wege, um ihn dazu zu bringen, sie zu bemerken und sie anzusprechen oder einzuladen. Schließlich gelang es ihr, seine Aufmerksamkeit zu gewinnen. Er sprach sie an und lud sie zum Essen ein. Anne und Thomas verliebten sich ineinander und hatten eine sehr schöne Anfangszeit. Sie genossen die Entdeckung ihrer Körper, konnten über alles reden, erlebten viel Nähe, waren zusammen so oft es ging. Eines Abends hüteten sie gemeinsam Annes fünfjährigen Neffen. Thomas spielte sehr engagiert mit ihm, doch Anne fand ihn irgendwie kindisch. Auch wie er später mit den Eltern sprach, fand sie altmodisch. Sie hatte sich Thomas toller vorgestellt. Mit der Zeit fand sie ihn immer langweiliger. Er verlor seine Anziehung. Sie trennte sich von ihm, denn unbewusst war er ihr nicht mehr gut genug.

Es folgten Rolf, Paul und Peter. Anne bekam immer die Männer, die sie wollte. Auch Rolf, der verheiratet war. Er konnte sich nur nicht entschließen, sich von seiner Frau zu trennen. Dafür war Anne offensichtlich wieder nicht gut genug und auch diese Beziehung scheiterte.

Mit Paul führte sie eine Fernbeziehung. Paul lebte seit einem Jahr von seiner ersten Frau getrennt und bemühte sich anfangs sehr um Anne. Bald wunderte sich Anne darüber, dass ihm die langen Trennungsphasen zwischen den Wochenenden nicht viel auszumachen schienen, obwohl er sie erklärtermaßen zu seiner Nr. 1 gemacht hatte. Anne machte die Distanz dagegen sehr zu schaffen. Sie fuhr viel öfter zu ihm in seine Stadt, obwohl dies für sie komplizierter zu organisieren war. Sie ließ sich immer was einfallen, um bei Paul sein zu können. Wenn sie zusammen waren, war es auch schön. Dennoch war Paul überhaupt nicht bereit, seinen Einsatz für ihre Partnerschaft zu verstärken und schließlich gestand er ihr in einem Telefonat, dass er doch noch nicht wieder reif für eine Beziehung sei. Wieder erlebte sie, nicht gut genug zu sein.

Mit Peter war Anne dann wirklich im siebten Himmel. Schon nach neun Wochen zog sie zu ihm. Ein dreiviertel Jahr später wurden sie als Paar zu einer Hochzeit eingeladen und diese Feier berührte Anne sehr. In der Annahme, alles wäre wunderbar, fragte sie Peter, ob er grundsätzlich bereit wäre, sie zu heiraten. Da wurde er zu ihrer Verblüffung sehr still und sagte erst einmal gar nichts. Nach einer Pause teilte er ihr mit, dass er zwar fände, sie hätten eine schöne Zeit, doch er wüsste nicht, ob es für eine Ehe mit ihr reichen würde. Er würde im Moment keine solche Verbindlichkeit eingehen wollen. Anne fühlte sofort den erwachenden Schmerz in ihrem Körper. Sie fragte Peter, was ihm denn an ihr nicht gefallen würde. Er kritisierte ihre Art, sich zu kleiden. Es wäre schon ganz originell, aber ... Und ein paar Kilo weniger wären auch nicht schlecht ...

Die Identität der »Unzulänglichkeit« zeigt sich deutlich in diesem Beziehungsmuster. Wir können tatsächlich mit unserem Traumpartner zusammen kommen, doch früher oder später fangen wir entweder selbst an, diesen vom Traumsockel zu stoßen oder der andere gibt uns auf verschiedene Weise zu verstehen, dass wir doch nicht gut genug sind. Das ist es, was Anne bei all ihren Partnern hörte, auch wenn sie es vielleicht anders formulierten. Damit geht für sie ein bestimmter seelischer Schmerz einher. Gleichzeitig scheint auch für sie kein Mann auf Dauer der Richtige zu sein. Wenn ein Partner sie wirklich wollte, wie zum Beispiel Thomas, fand sie ihn früher oder später nicht mehr passend. Betrachten wir beide Eisbergebenen, können wir erkennen, dass Menschen, die unbewusst davon überzeugt sind, nicht gut genug, unzulänglich oder nichts Besonderes zu sein, dafür sorgen, dass die Erfahrung eines passenden Partners im oberen Teil des Eisbergs nicht auftaucht.

Bei dieser Identität ist Kompetenz der wunde Punkt, das Thema, das sich wie ein roter Faden durch das Leben dieser Menschen zieht. Es geht hier immer darum, höchste Qualität zu leisten, um nach außen einen guten Eindruck zu machen.

Menschen mit dieser Identität sind meist sehr erfolgreich. Andere würden nie auf die Idee kommen, diese Menschen als nicht gut genug einzuschätzen, denn sie machen in der Regel tatsächlich einen guten Eindruck, sind sehr kraftvoll, effektiv und erreichen viel.

Ihre Beziehungen sind entweder sehr erfüllt, jedoch zeitlich begrenzt, oder aber sie stehen unter dem Motto, nicht mehr gut genug zu sein und die Beteiligten sind ständig damit beschäftigt, die angeblich verlorene Qualität zurückzuholen. Dies gelingt aber nur kurzfristig. Auf jeden Fall passen beide Eisbergteile zusammen.

Der Gewinn

Der Gewinn für Anne war, dass sie mit ihrer Identität einen Antrieb hatte, der sie sehr einfallsreich werden ließ. Ihr Bemühen, den Partner zu bekommen und dann zu halten, indem sie an sich arbeitete, gab ihr eine Ausrichtung für ihr Leben. Über diese Ausrichtung konnte sie sich selbst fühlen, sich wahrnehmen. Ihre Ziele gaben ihrem Leben Sinn und Spannung und die Lebendigkeit inspirierte sie und schützte sie gleichzeitig vor Langeweile und Stillstand. Es gab immer etwas anzustreben und das verlieh Annes Leben und ihr selbst Attraktivität. Einen Mann zu erobern oder sich selbst für einen anderen zu entwickeln, war ein Projekt, welches sie belebte. Grundsätzlich hatte sie nicht nur im Privaten, sondern auch im beruflichen Leben sehr viel erreicht und kannte keine Langeweile.

Diese Identität war auf verschiedene Weise ein Motor, der Anne zu Höchstleistungen antrieb. Außerdem hatte sie darin eine gewisse Freiheit. Sie war es, die sich die Männer aussuchte. Unbewusst zog sie immer wieder solche Männer an, zu denen entweder sie nicht langfristig stehen konnte oder solche, die zu ihr nicht »Ja« sagten. So konnte sie unbewusst vermeiden, sich wirklich hingeben zu müssen.

So paradox es klingen mag: Es ist leichter, sich einem anderen

Menschen zu nähern, wenn wir uns darauf verlassen können, dass dieser ein gewisses Maß an Nähe nicht überschreiten wird. So war Anne sicher und konnte ihre Liebe zu ihrem jeweiligen Gegenüber spüren, ohne davon überwältigt zu werden. Unbewusst wollte sie ihre Partnerschaften kontrollieren. Sich jemandem hinzugeben, die andere Person also wirklich nah an sich heranzulassen, beinhaltete das Risiko, als nicht gut genug enttarnt zu werden. Kontrollierte Ekstase ist aber nicht möglich. Anne konnte sicher sein, dass der jeweilige Partner sie früher oder später verlassen würde. Oder sie ging selbst. Wenn der andere ging, spürte sie sofort heftigen Schmerz und Trauer. Das war zwar unangenehm, doch sie kannte sich in diesem Schmerz aus, spürte sich dabei sehr intensiv und überlebte.

Anne war schnell wieder offen für eine neue Beziehung. Sie hatte ein vielseitiges Beziehungs- und Sexualleben, war überhaupt vielseitig interessiert. Sie bekam sowohl dann Aufmerksamkeit, wenn eine neue Beziehung sich anbahnte, als auch am Ende einer jeden Partnerschaft. Mit ihren Freundinnen hatte sie darüber schon viele intensive und interessante Gespräche führen können. So erlebte sie Verbundenheit und nährte ihre Freundschaften. Es war auch für die Freundinnen immer interessant und abwechslungsreich, sich mit Anne zu treffen. Da gab es oft Neuigkeiten.

Der Preis

Der Preis dieser Identität ist eine gewisse Unruhe oder Angst, nie bei dem richtigen Partner anzukommen, ihn vielleicht doch nicht mehr zu finden oder nicht auf Dauer halten zu können. Diese immer mitschwingende Angst kostet viel Energie, und das macht sich mit fortschreitendem Alter und je öfter sich das Muster wiederholt bemerkbar. Wir leben um diese Angst herum, versuchen sie zu verdrängen und uns von ihr wegzubewegen. Dafür lassen wir uns viel einfallen. Das birgt die Gefahr, sich auszupowern und am Ende doch allein dazustehen.

Besteht eine Partnerschaft, ist es ein weiterer Preis, nur ein bestimmtes Maß an Nähe aushalten zu können. Wirkliche Hingabe ist nur kurzfristig oder gar nicht möglich. Dadurch sorgen wir unbewusst dafür, dass immer etwas fehlt. Vielleicht betrifft das die Sexualität, vielleicht andere Bereiche. Meist ist ein Bereich der Beziehung wunderbar, aber dafür ein anderer nicht. Interessanterweise war in der Fernbeziehung, die Anne mit Paul hatte, die Sexualität sensationell. Leider zeigte Paul darüber hinaus kein großes Interesse, Zeit mit Anne zu verbringen. Die erfüllte Sexualität war nur möglich, weil sie selten war und von längeren Phasen mit Trennungsschmerz unterbrochen wurde.

Andersherum ist es ebenfalls zermürbend, immer wieder feststellen zu müssen, dass unser Partner/unsere Partnerin »es nicht wirklich bringt«. Wir sind ganz automatisch immer auf die eigenen Schwächen oder die Schwachstellen anderer fokussiert.

Es ist schwer, es Menschen mit dieser Identität recht zu machen, denn für sie sind die Beziehungsqualität oder das Leben an sich nie oder nur für kurze Zeit gut genug. Das gefällt der Person selbst auch nicht und macht unzufrieden. Gleichzeitig hat sie die Furcht, verlassen zu werden, wenn sie sich auf eine/n Partner/in festlegt und alles gibt. Anne wurde oft verlassen und hatte jeweils die Hoffnung, aber keine Garantie, dass ihr das nicht wieder passieren würde.

Menschen mit der Überzeugung, nicht gut genug zu sein, empfinden es aber mindestens als genauso bedrohlich, sich auf einen Partner festzulegen, sich nicht mehr nach einer möglichen Alternative umzuschauen, weil sie dann befürchten müssten, den besseren, den besonderen Partner zu verpassen.

Ich bin zu dumm, zu doof, zu klein, zu schwach

Hans hatte einen sehr großen Kopf. Er war drei Jahre alt, als er zu einer Untersuchung ins Krankenhaus musste. Ihm fiel dabei auf, dass die Krankenschwester sehr besorgt mit seinen Eltern sprach und diese entsprechend sorgenvolle Gesichter machten. Er hörte die Schwester sagen: »Es ist möglich, dass ihr Sohn einen Wasserkopf hat und nur sehr eingeschränkt lernfähig ist.« Hans ging davon aus, dass seine

Eltern von nun an glaubten, er bliebe dumm. Er schlussfolgerte unbewusst: »Ich bleibe dumm, ich bin dumm, ich bin zu dumm.« Das wollte er auf keinen Fall weiter spüren. Er wollte auch nicht, dass seine Eltern das über ihn dachten. Er stellte jedoch ab diesem Zeitpunkt seine geistige Kapazität grundsätzlich in Frage.

Hans versuchte nun, seinen Eltern und sich selbst zu beweisen, dass diese Schlussfolgerung nicht stimmte. Die Konsequenz war, dass er viel lernte. Bereits mit fünf Jahren hatte er sich selbst das Lesen beigebracht. Dabei las er nicht etwa Kinderbücher, sondern philosophische Abhandlungen und Physikfachbücher aus dem Bücherschrank seines Vaters. Seinen Eltern kam das seltsam vor und sie verboten ihm das Lesen und schickten ihn in den Garten, um Laub zu fegen. Hans war wütend, weil er glaubte, seine Eltern dachten, er verstünde nicht, was er las. Gleichzeitig bekam er so wieder die Bestätigung, doch zu dumm zu sein.

In seiner Schulzeit setzte sich Hans' Bemühen um außergewöhnliche Lernerfolge fort. Er hatte sie in bestimmten Fächern, in anderen nicht. Seine Eltern organisierten Nachhilfe für den schwächeren Bereich. Er bekam wieder Recht, doch zu dumm zu sein. Schließlich wurde er in die USA auf eine Privatschule geschickt, wo er dann richtig gut wurde.

Heute ist Hans ein europaweit anerkannter Wissenschaftler. Was er dennoch immer noch befürchtet, ist zu dumm zu sein. Aus der viele Male gezogenen Schlussfolgerung und deren Bestätigung ist eine Identität geworden. Für ihn ist das Ereignis aus der Kindheit mit der Krankenschwester emotional mit der Schlussfolgerung verbunden, dumm zu sein. Dieses Empfinden konnte Hans irgendwann nicht mehr auf ein paar wenige Ereignisse limitieren, sondern die Schlussfolgerung gehörte ganz zu ihm. Er konnte nur versuchen, Schadensbegrenzung zu betreiben, indem er ganz viel dagegen tat.

Hans erlebte seine Mutter als sehr dominant. Statt Mädchen kennen zu lernen, forschte und las er lieber. Er war auch viel zu schüchtern, um sie anzusprechen. Seine jetzige Partnerin kam auf Hans zu. Sie führen eine harmonische, vertrauens- und respektvolle Beziehung.

Große Gefühlschwankungen gibt es weder nach oben noch nach unten.

SABINE hatte vier große Brüder. Als sie klein war, hatte sie oft Schwierigkeiten, körperlich mitzuhalten. Schnell schlussfolgerte sie daraus: »Ich bin zu klein!« Tatsächlich ist Sabine auch als erwachsene Frau sehr klein. Sie lernte früh, ihre Brüder zu übertreffen und handelte nach der Maxime »Euch zeig ich's«. Später war sie als einzige aus der Familie sehr erfolgreich. Sie führte ein eigenes Unternehmen mit 30 Mitarbeiter/innen. In ihrer Ehe entwickelte sich der Mann an ihrer Seite zum Alkoholiker. Sabine verachtete ihn dafür und trennte sich von ihm. Sie sehnte sich nach einem gleichwertigen Partner, doch alle Männer, die sie umgaben, erschienen ihr früher oder später minderwertig und schwach. Sie wollte einen besonderen Mann und verstand nicht, warum sich kein entsprechender Kandidat in ihrem Leben zeigte.

Der Gewinn

Grundsätzlich geht es bei dieser Identität um geistige oder körperliche Kapazität. In den genannten Beispielen führte die Angst vor Dummheit beziehungsweise Schwäche dazu, dass die betroffenen Personen viel dafür taten, diesen Eigenschaften entgegenzuwirken, also viel zu lernen oder besondere Stärke zu demonstrieren. Auch hier wirkt die Identität wie ein Antrieb. Im ersten Beispiel geht es Hans darum, etwas zu wissen oder sich so tiefgreifend mit etwas zu beschäftigen, wie es außer ihm niemand oder kaum jemand tut. So lässt sich für ihn die Illusion aufrechterhalten, den eigentlich befürchteten Kapazitätsmangel ausgeglichen zu haben. Er kann sich sogar ein wenig über die anderen erheben. Und da nicht so viele mitreden können, lassen sich die Wissenslücken gut kaschieren.

Ein etwas versteckter Gewinn war für Hans, dass er mit dieser Identität Aufmerksamkeit und Unterstützung bekam. Zunächst waren es die Eltern, dann die Nachhilfelehrer und schließlich die private Schule in den USA, die indirekt gezwungen waren, sich mit Hans zu befassen.

Wissen oder Stärke sind auch eine Möglichkeit, die Kontrolle zu behalten. Dahinter steckt die positive Absicht, unvorhersehbare Zwischenfälle beherrschbar zu machen, weil wir die Illusion haben: »Je mehr ich weiß oder je stärker/größer ich bin, desto sicherer bin ich.« Manchmal erscheinen Personen mit dieser Identität oberschlau und altklug oder selbstherrlich.

Wenn wir das Gefühl haben, dass uns scheinbar immer Steine in den Weg gelegt werden, kann das wie bei Sabine auch in eine Haltung umschlagen, die besagt: »Ihr denkt, meine Kapazität ist zu gering. Ich beweise euch mehr als das Gegenteil. Nun erst recht.« Wut und Enttäuschung über die anderen sind ein starker Motor. Über diesen Motor bekommen wir Energie, haben ein Ziel und etwas, wodurch wir uns fühlen und ausdrücken können. Und wir haben eine Rechtfertigung dafür, uns an den anderen zu rächen, indem wir über sie triumphieren und sie kontrollieren. Bei Sabine führte das dazu, dass sie zwar eine gewisse Befriedigung dabei empfand, über Männer zu triumphieren, dadurch aber auch keine glückliche Partnerschaft haben konnte.

Manchmal sind Personen mit dieser Identität auch sehr zurückhaltend und stellen ihr Licht eher unter den Scheffel. Der Gewinn eines solchen Verhaltens ist, dass wir die anderen erst einmal kommen lassen, uns hinter unserer »Unwissenheit« verstecken und anschließend heimlich triumphieren können, wenn wir etwas auch oder besser wussten. Es kann auch sehr bequem und tröstend sein, für bestimmte Dinge zu klein, zu dumm oder zu schwach zu sein. Wir schrauben unsere Anforderungen an uns selbst entsprechend herunter, so dass wir uns freuen können, wenn es doch besser läuft als gedacht. So können wir sogar noch uns selbst überraschen.

Menschen mit dieser Identität werden entweder Partner/innen anziehen, die sie mit ihrem besonders schlauen Getue beeindrucken und dann dominieren können, um letztendlich von ihnen enttäuscht zu sein. Oder sie wählen unbewusst Partner/innen, die für die Beziehung das Zepter in die Hand nehmen und damit auch die Verantwortung übernehmen. So müssen sich Menschen mit der Überzeugung, zu dumm/schwach zu sein, nicht messbar und angreifbar machen. Auch andere können positiv von ihnen überrascht werden, wenn sie vorher klargestellt haben, dass nicht zu viel zu erwarten ist. So bekommen sie eher Anerkennung und Verständnis statt Ablehnung und Kritik.

Der Preis

Diese Personen rennen ständig dem Ziel hinterher, endlich »anzukommen«. Sie arbeiten schwer für ihr Wissen oder ihren jeweiligen Ausgleich. Kaum stehen sie kurz vor einem sensationellen Erfolg, kommt ihnen jemand zuvor oder sie spielen ihn selbst herunter beziehungsweise nehmen die Anerkennung dafür nicht an.

Als Hans zum Beispiel seiner Mutter davon erzählte, dass er einen europäischen Preis bekommen hatte, der einmal im Jahr bei einer feierlichen öffentlichen Zeremonie vor einem großen Auditorium überreicht wurde, war ihr erster Kommentar: »Na, viel Geld gibt es für den Preis bestimmt nicht.« Sie hatte sofort die einzige Schwachstelle erkannt und ausgesprochen. Damit bestätigte sie Hans darin, zu dumm zu sein, um mit seiner Arbeit genug Geld zu verdienen. Es gab eben »nur« verbale Anerkennung. Tatsächlich war aber schon die verbale Anerkennung zu viel für Hans. Er konnte sie gar nicht annehmen, da er es emotional nicht aushielt, über seine bisherige Identität zutiefst ins Unrecht gesetzt zu werden. Das war unbewusst erst einmal bedrohlich.

Menschen mit dieser Identität fehlt es auch an erfüllten Beziehungen. Die erste Herausforderung besteht für sie schon darin, überhaupt jemanden zu finden. Ist ihnen das gelungen, sind ihre Partnerschaften im Ungleichgewicht. Entweder sie suchen sich jemanden, den sie kontrollieren können oder der sie kontrolliert. So entsteht nach der Phase der Verliebtheit, in der sonst wirksame Überzeugungen etwas außer Kraft gesetzt sind, ein Gefälle. Der Partner/die Partnerin steht entweder über oder unter uns. Beides führt ebenfalls nur begrenzt zu Nähe und Intimität.

Der befürchtete Super-GAU in einer solchen Beziehung ist, dass alles »auffliegt«, dass herauskommt, dass wir eigentlich zu dumm, zu doof oder zu klein und schwach sind und der Partner/die Partnerin geht. Denn wer will schon mit jemandem zusammen sein, der zu doof ist? Es ist anstrengend, immer für genügend Distanz zu sorgen, um die Maske aufrechtzuerhalten.

Hans war umgeben von Professoren. Allen gemeinsam war eine Arbeitswoche von 80 Stunden, wobei das eigentliche Forschen nur einen sehr geringen Teil einnahm. Es war Konsens, dass man es als Universitätsprofessor schwer hat und so fühlte Hans sich zugehörig und arbeitete eben viel. Damit war er aber unzufrieden.

Oft haben Menschen mit dieser Identität Kriegsschauplätze in ihrem Leben, das heißt Streit, Krieg, wirklich unschöne Auseinandersetzungen oder sehr plötzliche Brüche in ihren Beziehungen. Oft werden auch Auseinandersetzungen vor Gericht geführt, weil keine Einigung möglich scheint. Das kostet Zeit und Energie.

Grundsätzlich ist es sehr anstrengend, sich für zu dumm, zu klein usw. zu halten. Es bedeutet ja, dass wir unser eigenes Vermögen immer auch selbst einschränken. Das ist vergleichbar mit einer Autofahrt, bei der man Gas gibt, aber die Handbremse nicht löst, um ganz sicher nicht zu schnell zu sein. Das führt zu großen Reibungsverlusten. Es geht mühsam voran und das ständige Ankämpfen gegen die Blockade ist körperlich so Kraft raubend, dass wir das Erreichte tatsächlich nicht genießen und fühlen können. Das ist mit ein Grund, warum solche Menschen gefühlsmäßig nie ankommen, weil es immer jemanden geben wird, der noch mehr weiß, egal wie viel sie wissen und tun.

Sabine war frustriert, weil sie das Gefühl hatte, alles alleine machen zu müssen. Es fiel ihr schwer, ihre eigenen Leistungen zur Kenntnis zu nehmen, geschweige denn, sie anzuerkennen. Sie sehnte sich nach einer Schulter, an die sie sich anlehnen konnte. Die Männer, die gerne eine Beziehung mit ihr gehabt hätten, genügten jedoch nicht ihren Ansprüchen. Sie wollte nicht nur einen gleichwertigen Mann, sondern einen, der einen hohen Status hatte, der in ihren Augen etwas hermachte. Hätte sie tatsächlich einen solchen Partner gefunden, wäre sie aber sofort mit ihm in Konkurrenz gegangen, getreu ihrem Motto: »Dir werde ich's zeigen«. Damit wäre sie ihn auch sehr schnell wieder los gewesen. Solange sie diese Identität aufrechterhielt, konnten weder Sabine noch potenzielle Partner wirklich gewinnen.

Ich bin schlecht, falsch, böse, das Letzte

Eva wuchs in einfachen Verhältnissen auf. Ihre Mutter erledigte den Haushalt, der Vater war Bauer. In der Nachbarschaft wohnte ein Mädchen, mit dem Eva gern befreundet sein wollte. Einmal spielten die beiden in der Wohnung des Mädchens, als deren Mutter hereinkam und zu Eva sagte: »Was hast du für unheimliche Augen?« Sie wollte nicht, dass ihre Tochter sich weiter mit Eva traf und verbot ihr den Kontakt. Eva schlussfolgerte: »Irgendetwas kann mit mir nicht stimmen, deswegen muss Evas Mutter solche drastischen Maßnahmen ergreifen.« Die für sie nahe liegende Interpretation war, dass sie als Bauernkind schlechte Augen hatte und damit ein schlechter Umgang war. Sie musste dann wohl schlecht sein. Das bestätigte sich immer wieder.

Eva gehörte weder in der Klasse noch bei der Dorfclique dazu. In der Schule hatte sie Schwierigkeiten, den Lernstoff zu verstehen. Sie war eine schlechte Schülerin und musste hart arbeiten, um den Abschluss zu schaffen.

Mit 20 Jahren heiratete Eva einen Geschäftsmann, mit dem sie zusammen zwei Kinder hatte. Ihr Mann war mit seinem Unternehmen nie sehr erfolgreich. Es fehlte ständig am Geld und sie verschuldeten sich. Ihr Mann liebt sie sehr, doch Eva merkt selbst, dass er es ihr nie recht machen kann. Sie hat immer etwas auszusetzen. Sie steht in der Öffentlichkeit nicht zu ihm und gibt ihren Kolleginnen und Freundinnen gegenüber nicht zu, dass sie eigentlich eine gute Beziehung zu ihm hat.

Der Gewinn

Bei dieser inneren Überzeugung geht es um Moral. Weil sich diese Menschen auf keinen Fall als schlecht, falsch oder böse eingeschätzt sehen wollen, wählen sie die scheinbare Flucht nach vorn, indem sie sich tendenziell als Moralapostel aufführen und ständig andere korrigieren wollen – im Extremfall die ganze Welt. Ihre positive Absicht ist, sich für das Gute in der Welt und für Menschen einzusetzen. Da sie sich auf keinen Fall moralisch unterlegen fühlen wollen, benutzen sie aber ihre Identität als Rechtfertigung, um sich über andere zu erheben. Auf diese Weise bleibt zwischen ihnen und den anderen immer eine gewisse Distanz.

Auch in Partnerschaften werden sich diese Personen nicht vollständig einlassen können, solange ihnen ihre Überzeugung nicht bewusst ist. Denn von einem Menschen, der ihnen richtig nah kommt, müssen sie ja befürchten, erkannt, also als schlecht, falsch oder böse entlarvt zu werden. Über den distanzierten Kampf gegen das Schlechte bei anderen Menschen und in der Welt behalten sie die Kontrolle. Damit versuchen sie, ihre moralische Größe zu beweisen.

So paradox es erscheinen mag, haben Menschen mit dieser Überzeugung für sich erkennen können, dass diese Identität sie auch frei und unabhängig macht. Denn wenn sie selbst wissen, dass sie schlecht sind, dann kann es nur noch besser werden, dann brauchen sie die Kritik anderer nicht mehr zu fürchten, da sie diese schon vorwegnehmen. Manchmal führt das zu der irrationalen Einstellung: »Nun erst recht. Ich kann alles erreichen.« So wird die Überzeugung schlecht zu sein zum Freibrief, mit dem wir uns alles erlauben können, weil wir ja schon vor uns selbst gefallen sind.

Der Preis

Wie schon in den Beispielen deutlich wird, haben Menschen mit der Überzeugung schlecht zu sein einen Mangel an Beziehungen jeglicher Art. Und auch ihre Beziehung zu Geld ist gestört. Denn mit Geld sind diverse moralische Wertungen verknüpft, auf die diese Menschen sehr sensibel reagieren. So gibt es zum Beispiel die Meinung, dass Geld den Charakter verdirbt. Da sie auf keinen Fall schlecht sein wollen, sind Menschen mit dieser Identität sehr vorsichtig im Umgang mit Geld. Möglicherweise arbeiten sie viel für kein oder wenig Geld.

Dadurch behalten sie ihre moralische Überlegenheit, sind aber materiell im Mangel.

Die fehlende Nähe in Beziehungen führt bei diesen Menschen zu starken Selbstzweifeln, weil sie früher oder später wieder mit sich und damit wieder mit ihrer Frage über sich selbst konfrontiert sind. Wer über sich selbst schlecht denkt, hat es schwer, Entscheidungen zu treffen. Da jede Entscheidung Konsequenzen hat, geht ihr immer ein langer Prozess des Zweifelns voraus. Die eigene Schlechtigkeit darf auf keinen Fall herauskommen, also werden Entscheidungen herausgezögert.

Menschen mit dieser Überzeugung vermeiden es, die Führung zu übernehmen, da sie glauben, dass etwas Schlechtes dabei herauskommt, wenn jemand, der eigentlich schlecht ist, dies tut.

Ich bin anders, etwas Besonderes, etwas Besseres, ein Sonderling

Von klein auf wurde Klaus von der Großmutter vermittelt, dass er etwas ganz Besonderes sei und dass auf ihn ein gutes Schicksal warte. Sie drückte ihre Liebe aus, indem sie ihm das immer wieder zu verstehen gab. Klaus schlussfolgerte daraus, dass er nicht nur für die Großmutter besonders sei, sondern prinzipiell besonders sein müsse. Die Großmutter, bei der er aufwuchs, wollte unbedingt, dass Klaus es einmal besser hätte als sie. Deshalb regte sie ihn dazu an, ein guter Schüler zu sein, damit er auch später im Leben Erfolg hätte. Sie wollte, dass er nur mit bestimmten Kindern spielte.

Einerseits glaubte Klaus der großmütterlichen Botschaft und dachte, er wäre so besonders, dass er auch ohne großen Aufwand erfolgreich sein würde. Andererseits rebellierte er dagegen, indem er sich in der Schule nicht besonders anstrengte. Er gehörte in der Klasse nicht wirklich dazu. Irgendwie stand er immer abseits. Seine Erfahrung kreiste um Beweis und Gegenbeweis für die Überzeugung »Ich bin etwas Besonderes«. Dieses Muster setzte sich auch in seinem späteren

Berufsleben fort. Klaus fühlte sich dem jeweiligen Team immer nur kurz und bald gar nicht mehr zugehörig und fand seine Position nur abseits vom Team.

Klaus lebt in einer glücklichen Beziehung mit Andrea. Nur der Sex ist nicht wirklich aufregend. Bei der Analyse seines Musters stellt Klaus fest, dass er auch hier unbewusst bemüht ist, eine gewisse Distanz aufrechtzuerhalten und sich nicht wirklich hingeben kann, weil er befürchtet, damit seine Exklusivität einzubüßen.

Der Gewinn

Hier ist der Gewinn, dass wir uns prinzipiell anderen überlegen fühlen können. Wir stehen in jedem Fall zunächst über dem anderen Menschen. Eine Person mit diesem Muster wird dieses relativ schnell kommunizieren, denn sie gibt sich tatsächlich besonders oder sie weiß es grundsätzlich besser.

Der Extremfall in dieser Gruppe ist der »Sonderling«, der sich auch in seinem Äußeren oder in seinem Verhalten auffällig von allen anderen unterscheiden will. Er oder sie ist nicht zu übersehen und zwingt andere dazu, ihm oder ihr Aufmerksamkeit zu schenken. Das muss diese Person fast zwanghaft tun, da sie im Grunde ihres Herzens ihre Exklusivität in Frage stellt und diese sich selbst, den anderen und der Welt auf jeden Fall beweisen will.

Ein weiterer Gewinn dieser Identität ist, dass wir eine Rechtfertigung dafür haben, uns nicht hundertprozentig einzusetzen. Wir sind ja ohnehin schon besonders, also glauben wir, dass eine mittelmäßige Anstrengung reicht. Wir verstecken uns hinter der Maske der Besonderheit und glauben, uns nicht wirklich mit anderen messen zu müssen.

Bei Menschen dieser Überzeugung sind Kreativität und Einfallsreichtum gut entwickelt und werden dadurch gefördert, dass sie sich immer etwas einfallen lassen müssen, um sich von den anderen deutlich zu unterscheiden. Sie lieben die Illusion von sich, anders als die anderen, etwas Besonderes oder Besseres zu sein, statt sich mit der Wahrheit auseinander zu setzen, so einzigartig zu sein wie alle anderen auch. In diesem »Wie alle anderen auch« befürchten sie die Abwertung der eigenen Person.

Hier zeigt sich der Gewinn deutlicher als bei den anderen Identitäten – auch in der Variante »Ich bin anders«. Denn letztendlich ist dies eine positive Identifizierung, die zunächst ein angenehmes Selbstgefühl in Abgrenzung zu den anderen ermöglicht.

Der Preis

Die Kehrseite dieser Identifizierung ist die Anstrengung, die es kostet, sich immer etwas einfallen zu lassen, um sich von den anderen abzuheben.

Ein weiterer Nachteil dieses Musters ist, niemals wirklich dazuzugehören, also bis zu einem gewissen Grad einsam zu sein. Daraus resultiert ein starkes Selbstgefühl, das mit melancholischen Gefühlen einhergehen kann. So spüren wir uns selbst, können aber nur begrenzt Nähe zulassen, da sonst die Exklusivität gefährdet wäre. Personen mit diesem Identitätsmuster haben oft Schwierigkeiten, ihren Platz in der Gesellschaft zu finden.

Ein weiterer Preis ergibt sich aus der Tatsache, dass Menschen mit dieser Überzeugung sich nicht hundertprozentig einsetzen. Würden sie dies tun und sich damit messbar machen, liefen sie Gefahr, erkennen zu müssen, dass sie nicht wirklich besser sind als die anderen, vielleicht sogar schlechter. Ohne diesen Einsatz lässt sich die Illusion der Besonderheit aufrechterhalten. Das kann einen unruhigen Lebenslauf zur Folge haben und geht auf Kosten der eigenen Erfüllung, denn gleichzeitig sehnen sich solche Menschen danach, etwas Großartiges und Außergewöhnliches zu vollbringen. Genau das verbauen sie sich aber, weil sie nicht bereit sind, dafür ein Risiko einzugehen. So erweist sich auch diese Überzeugung als sichere, aber begrenzte Komfortzone.

Interessanterweise fällt es diesen Menschen besonders schwer, sich in ihrem Identitätsmuster wiederzufinden. Allein damit würden sie ja ihre Illusion der Besonderheit durchbrechen. In dem Moment, wo sie sich erkennen, gehören sie dazu. Sie befürchten jedoch oft, dabei zu verlieren.

ZUSAMMENFASSUNG:
Wir sind die Schöpfer/innen unserer Lebenserfahrung und alle Schlussfolgerungen und Identitäten sind eine unbewusste, individuelle und vor allem willkürliche Wahl. Die geschilderten auslösenden Situationen hängen nicht zwangsläufig mit der im Einzelfall gezogenen Schlussfolgerung zusammen. Es wären jeweils auch andere Schlussfolgerungen möglich gewesen.

Gewinn:
Alle Identitäten haben als positive Absicht, das Überleben zu sichern. Dies hat auch funktioniert. Die meisten Identitäten wirken wie ein Motor, der uns bestimmte Handlungen, intensive Gefühle und ein gewisses Maß an Kontrolle ermöglicht. Wir bekommen Recht und eine Individualität.

Preis:
Das Aufrechterhalten der Identität ist anstrengend. Alle Identitäten klammern die Erfahrung von wirklicher Nähe, Hingabe und dauerhaft erfüllter Partnerschaft aus, da sie uns genau damit über unsere Identität ins Unrecht setzen würde. Auf der Basis von Angst, Mangel und dem Zwang, etwas beweisen zu müssen, ist keine dauerhafte Erfüllung möglich.

Möglichkeiten des Wandels

Wenn wir uns klar gemacht haben, was der Gewinn und auch die Begrenzung unserer tiefsten inneren Überzeugung von uns selbst sind, können wir die bisherigen Erfahrungen unseres Lebens verstehen. Wenn wir bereit sind, anzuerkennen, dass wir mit unserer Identität zwar eine positive Absicht verfolgten, uns damit aber gleichzeitig begrenzten, ist es wichtig, mit uns selbst gütig oder sanft zu sein und uns jene Erfahrungen zu verzeihen, die uns nicht gefielen oder Schmerz verursacht haben. Das heißt nicht, dass wir das, was passiert ist, gut finden müssen. Es bedeutet, Erfahrungen, die meist lange zurückliegen, in der Vergangenheit zu belassen. Erst dann können wir neu wählen. Wir können eine neue innere Entscheidung treffen, wenn wir uns fragen: Will ich weiter überleben oder will ich mich dem Leben öffnen?

Da wir für unsere Überlebensidentität viele Jahre unbewusst immer wieder Bestätigung bekamen, fühlen wir uns mit ihr sicher, denn selbst mit den unangenehmen Gefühlen können wir inzwischen umgehen. Sie sind uns vertraut, wir kennen uns darin aus. Deshalb greift unser Verstand automatisch immer wieder auf diese Überzeugungsmuster zurück. Der Nachteil daran ist, dass nicht wir unser Leben bestimmen, sondern unser Verstand dies tut.

Mit »Verstand« meinen wir hier den Mechanismus, der uns automatisch auf gewohnte Denk-, Fühl- und Verhaltensmuster zurückgreifen lässt.

Jetzt ginge es darum, den Verstand mit seinen unförderlichen Mustern nicht dominieren zu lassen, sondern ihn an seine eigentliche Position zurückzusetzen. Er ist ein sehr machtvolles Instrument, das uns – neu ausgerichtet – in unserer Entfaltung unterstützen kann. Oftmals haben wir ihn zur obersten Instanz gemacht, dabei ist er eigentlich ein Werkzeug.

Wir haben bei dieser Neuausrichtung nichts zu verlieren, denn wenn es wirklich ums Überleben geht, können wir uns darauf verlassen, dass sofort jenes Muster greift, das sich diesbezüglich bewährt hat. Es geht eher darum, unsere individuellen Erfahrungsmöglichkeiten zu erweitern. Damit etwas möglich ist, was bisher nur kurz oder gar nicht erfahrbar war, müssen wir unsere eigene Begrenzung sprengen, indem wir uns fragen: Wer will ich sein? Welche Qualität möchte ich dauerhaft in mein Leben integrieren?

Um das eingangs beschriebene Beispiel mit den Flöhen noch einmal aufzugreifen: In dem Moment, wo wir unsere Identität erkannt haben, ist der Deckel nicht mehr auf dem Glas. Nun geht es darum, sich zu erlauben, wieder über den Glasrand zu hüpfen. Am Anfang ist es eine Frage der Bereitschaft, entweder weil wir das Alte einfach satt haben und der Preis inzwischen zu hoch geworden ist oder weil wir andere, neue Erfahrungen machen möchten. Warum sollte das nicht möglich sein?

Bedenken Sie: Bisher war Ihnen Ihre Identität gar nicht bewusst. Trotzdem haben Sie Beweise dafür bekommen. Sie waren so machtvoll, bestimmte Erfahrungen anzuziehen und andere auszuschließen. Stellen Sie sich nun vor, wie machtvoll Sie erst sind, wenn Sie von nun an beschließen, Ihre Erfahrungen bewusst mitzuerschaffen. Wären Sie bereit, im Unrecht über Ihre Vergangenheit zu sein, aber dafür glücklich im Hier und Jetzt? Könnten Sie sich das erlauben?

Um auf der emotionalen Ebene mit der Vergangenheit abzuschließen und Frieden zu machen, helfen geführte Prozesse, wie wir sie in unseren Seminaren durchführen.

Die Veränderung der Sicht auf die Vergangenheit ist ein individueller Prozess, der sich manchmal schneller, manchmal langsamer vollzieht. Er beinhaltet Erkenntnis und Einsicht auf der mentalen Ebene, emotionalen Wandel durch Vergeben sowie bewusst verändertes Handeln durch eine kraftvolle neue Ausrichtung.

Wichtig ist die Erfahrung, dass es überhaupt möglich ist, die Vergangenheit für sich förderlicher zu interpretieren und nicht im Drama verhaftet bleiben zu müssen. So wirken diese geführten Prozesse wie ein Katalysator für Transformation.

Im Anschluss werden wir mit etwas Neuem konfrontiert. Nun stellt sich die Frage: Wie gut darf es sein in meinem Leben? Es geht darum, einen inneren Wandel zu vollziehen von dem aus wir uns auch anders verhalten, was wiederum zu anderem Erleben und anderen Ergebnissen führt.

Wodurch unterscheiden sich folgende Standpunkte in ihrer Aussage?

A) Ich bin nicht gut genug.
B) Ich bin, dass ich ... (beispielsweise: nicht gut genug) bin.

A) Dies ist eine endgültige Aussage. Sie besagt: Es war so, ist so und wird immer so bleiben. In diesem Fall ist »Ich bin«, also unser Seinszustand, immer mit »nicht gut genug« verbunden. Beides gehört gewissermaßen untrennbar zusammen. Wir haben uns tatsächlich mit dem »nicht gut genug« identifiziert. (Natürlich lässt sich an diese Stelle jede andere Identität einsetzen.) Solange das so ist, sind Wahl und Wandel unmöglich. Wir können nur versuchen, das Beste daraus zu machen. Dieser Standpunkt bestimmt über die Erfahrungen in unserem Leben und legt uns auf gewisse Erfahrungen fest. Unsere Lebensinhalte passen entsprechend dazu und werden uns früher oder später bestätigen, nicht gut genug zu sein.

B) Abgesehen davon, dass dieser Satz konstruiert ist und niemand so spricht, verdeutlicht er, dass bei diesem Standpunkt das Entscheidende vor dem Komma steht: »Ich bin.« Wir könnten dahinter auch erst einmal einen Punkt machen. Diese Aussage ist in sich stimmig und an nichts weiter geknüpft. Es ist auch nicht zwingend, sie mit etwas zu verbinden. »Ich bin« ist erst einmal grenzenlos und weder wahr noch falsch, weder gut noch böse. Daher ist es eigentlich irrational, dieses »Ich bin« zwangsweise mit genau einer Qualität oder Identität zu verknüpfen. Es ist sogar Quatsch, uns selbst zum Beispiel darauf festzulegen, nicht gut genug zu sein. Das Problem ist, dass wir diesen Quatsch glaubten. Es ist möglich, »Ich bin« mit verschiedenen Eigenschaften oder Zuständen zu verknüpfen. Im Satz B wird deutlich, dass die entsprechende Person nur so tut, denkt und fühlt, als ob sie nicht gut genug sei. Dies haben wir uns so sehr zur Denk- und Fühlgewohnheit gemacht, dass wir vergessen haben, dass wir nur so tun als ob. Sobald wir das verstehen, können wir uns erlauben, mit dieser Gewohnheit zu brechen. Es ist sogar möglich, bewusst immer wieder die eigene Identität zu erweitern. Es gibt unzählige Verbindungen und nicht nur die eine, die wir bisher kannten. Das mag uns zu unkonkret erscheinen und wir wünschen es uns etwas genauer. Deshalb bietet uns das Komma mit der anschließenden Fortsetzung des Satzes die Möglichkeit, zu relativieren. Von diesem Standpunkt aus ist Wahl und Veränderung möglich. Es mag sein, dass ich bisher nach dem Motto lebte, nicht gut genug zu sein, aber wichtig ist, dass ich auf jeden Fall bin und nun neu wählen kann, wie ich mich erfahren möchte. Ich kann meine bisherige Identität und auch andere Überzeugungen, an die ich glaubte, wandeln. Zum Beispiel in: »Ich bin, dass ich eine erfüllte Frau bin« oder: »Ich bin, dass ich ein potenter Mann bin.«

Benennen Sie ein neues Spielfeld, finden Sie einen größeren Rahmen: Ich bin ...

Nehmen Sie sich 10 Minuten Zeit und legen eine CD mit Musik ein, die Sie inspiriert.
Schließen Sie die Augen, atmen Sie bewusst tief ein und aus. Spüren Sie nacheinander in ihre Beine, ihren Bauch, ihren Brustkorb, ihre Arme und den Kopf hinein und nehmen Sie diese Körperteile bewusst wahr.
Erinnern Sie sich an ein Erlebnis, bei dem Sie sich als glücklich und zufrieden erlebt haben. Wie alt waren Sie damals? Wo waren Sie? Was haben Sie genau erlebt und warum war es einfach erfüllend? Wer war dabei? Erlauben Sie sich, sich an diesen erfreulichen Zustand zu erinnern. Stellen Sie sich vor, Sie könnten dieses Gefühl jetzt wieder spüren. Spüren Sie es jetzt, indem Sie die Erinnerung daran wachrufen.
Erlauben Sie sich jetzt, wieder »groß« im Leben mitzuspielen. Stellen Sie sich vor, Sie stehen auf einem großen Platz. Vielleicht hat er tatsächlich die Form eines Spielfeldes. Vielleicht ist es ein Ort in der Natur, der Sie anspricht. Vielleicht hat er die Form einer großen Halle. Er ist so groß, dass Sie seine Begrenzung kaum noch sehen können. Wie sieht er für Sie aus? Stellen Sie sich diesen Platz so genau wie möglich vor. Ist es ein Ort in der freien Natur oder in einem Gebäude? Welche Farbe verbinden Sie mit dem Zustand von Glück und Erfüllung? Nehmen Sie die Farbe, die Ihnen als erstes einfällt.

Jetzt schreiben Sie quer über Ihren Platz mit großen Buchstaben einen Satz, der folgendermaßen anfängt und endet:
»Ich bin ein/e ... Frau/Mann.«
Dann ergänzen Sie die Qualität, die Sie ab jetzt in Ihrem Leben haben wollen. Vielleicht: glücklich, inspiriert, begehrt, einflussreich, gelassen, erfolgreich, erfüllt ... Nehmen Sie eine,

die für Sie passt. Nun lesen Sie den vollständigen Satz noch einmal in Gedanken. Wie hört er sich an?
Speichern Sie das Bild von diesem Platz und dem Satz in Ihrem Herzen ab. Sie geben Ihrem Selbst und Ihrem Verstand damit eine konkrete Ausrichtung. So erhöht sich die Wahrscheinlichkeit, das zu bekommen, was Sie haben wollen. Vielleicht ist das noch ungewohnt. Erlauben Sie sich, diese Erfahrung zu machen und genießen Sie dies noch einen Moment. Sie erfahren etwas Neues, ein neues großes Spielfeld, das Sie im Laufe der Zeit mit Erfahrungen füllen werden.

Von diesem neuen Standpunkt aus geht es nun darum, auf der Basis von Fülle Bestätigung für die jeweilige Aussage zu bekommen. Indem wir den Satz mit Mann beziehungsweise Frau enden lassen, geben wir unserem Verstand eine Art Anker, an dem er sich festhalten kann. Dass wir Frau oder Mann sind, findet so schon mal Bestätigung, das »Ich bin« natürlich auch. So ist lediglich die Qualität dazwischen eine neue Information, welche der Verstand lernen kann, zuzulassen. So wird er wieder zu einem großartigen Werkzeug, das uns, die wir die Führung in unserem Leben haben, bewusst Bestätigung gibt.

Tägliche Übung: Fokuserweiterung

Notieren Sie:

- Drei Dinge, die Sie bei sich anerkennen.
- Drei Dinge, die Sie bei Ihrem Partner/Ihrer Partnerin oder einem anderen Menschen anerkennen.
- Drei Sachen, für die Sie dankbar sind.
- Seien Sie bereit, ein außergewöhnlich schönes Erlebnis zu haben und schreiben Sie es auf.

Der Verstand gibt uns mehr von dem, worauf wir uns fokussieren. Fokussieren wir uns auf das, was funktioniert, bekommen wir mehr davon.

Wir bekommen das, was wir auch bereit sind zu geben. Verteilen wir großzügig Liebe, Dank und Anerkennung, kommen diese vielfach zu uns zurück.

Aus dem neuen Standpunkt wird mit der Zeit eine Haltung oder ein Rahmen. Eine Haltung ist viel kraftvoller und weiterführender als ein Satz. Diese neue Haltung bildet den Rahmen für mein Erleben. »Ich bin« ist gewissermaßen zu groß und unfassbar. Mit einem konkreten Rahmen erschaffe ich dagegen ein Spielfeld für neue Möglichkeiten. Es ist von Vorteil, das persönliche Spielfeld klar zu begrenzen, da es für die/den Einzelne/n nicht möglich ist, alle Erfahrungen dieser Welt zu machen. Es ist jedoch möglich, andere Erfahrungen als bisher anzuziehen beziehungsweise die Qualität der Erfahrungen zu steigern. Und jede/r legt für sich selbst fest, wie groß das eigene Spielfeld sein darf. Das bedeutet nicht, dass wir alles in unseren Beziehungen steuern können. Wir können jedoch unseren Einfluss vergrößern. Wir können uns mit uns selbst und anderen einen spielerischen Umgang erlauben. In der Regel spielen wir in persönlichen Beziehungen eher »zu klein« als »zu groß«.

Wir entscheiden uns immer. Die Frage ist, ob bewusst oder unbewusst. Entscheiden wir bewusst, erleben wir uns als einflussreich und mitverantwortlich. Wenn wir uns nicht entscheiden, tun es andere für uns. Wir können nur reagieren oder sind dazu gezwungen und erleben uns als Opfer.

In dem Moment, in dem ich das Spielfeld neu benenne und vergrößere, ist die alte Erfahrung nur noch ein kleiner Fleck auf dem großen Feld. Das bedeutet, dass wir hin und wieder auch Momente haben, in denen wir mit der alten Identität in Berührung kommen. Da sie aber in einer größeren Einheit integriert ist, hat sie nicht mehr annährend so viel Macht über uns wie zuvor. Trotzdem kann Schmerz aufkommen, wenn die alte Identität aufscheint, aber dieser kann wieder gehen. Er geht schneller, wenn wir ihn bewusst registrieren, zulassen und ausdrücken.

Durch das bewusste Wahrnehmen, Zulassen und Integrieren des Alten kann sich etwas Neues entfalten.

Wenn wir einen neuen Rahmen wählen, ist es wichtig, darauf zu achten, dass wir nicht ausschließlich auf das jeweilige Gegenteil der bisherigen Identität fokussiert sind. Damit wären die Erfahrungsmöglichkeiten ähnlich begrenzt wie zuvor, nur andersherum. Die Erfahrung kreiste bisher auch schon um Beweis und Gegenbeweis. Wer glaubte, machtlos zu sein, wollte in Beziehungen auf keinen Fall den Kürzeren ziehen. Wenn diese Person nun sagt: »Ich bin eine machtvolle Frau«, darf sie wieder auf keinen Fall Ohnmachtsgefühle haben. Es geht hier also darum, den Rahmen der bisherigen Möglichkeiten zu erweitern, indem die Person eine Qualität findet, die die Machtfrage nicht in den Vordergrund stellt.

Nehmen wir die Qualität »erfüllt«. Hier steckt für viele Menschen alles drin. Wer Erfüllung leben kann, muss auch sehr machtvoll sein, aber das ist nicht mehr die Essenz, um die es sich hauptsächlich dreht. Wer will ich ab heute sein? Durch die ausgesprochene klare Absicht definiere ich mein Spielfeld.

Sobald wir unsere Identität auf der unteren Ebene des Eisberges bewusst erweitern, ziehen wir auf der oberen Ebene andere Inhalte an. Wir schaffen Raum für neue Erfahrungen und bekommen etwas Neues bestätigt. Vom Standpunkt der Fülle auszugehen, erleichtert dauerhaft glückliche Beziehungen. Es fängt damit an, bereit dafür zu sein und eine klare Absicht zu formulieren. Dann gilt es, diese zu deklarieren und dementsprechend zu handeln.

PETRA wandelte ihre Identität von »Ich bin ausgeliefert« in »Ich bin eine strahlende Frau«. Sie begann damit, die neue Haltung aufzuschreiben und täglich Beweise dafür zuzulassen. Am Anfang war es wie ein zu großes Kleidungsstück, in das sie im Laufe der Zeit hineinwachsen konnte. Sie merkte, wie sich ihr Fokus veränderte und viele neue Erfahrungen möglich wurden, die sie vorher gar nicht zugelassen hätte. Als sie einmal mit ihren Kindern im Park war, kam ein Mann auf sie zu, sprach sie freundlich an und unterhielt sich eine Weile mit ihr. Damit reagierte er auf ihre positive Ausstrahlung. Sie dachte nicht weiter darüber nach und blieb mit den Kindern noch eine Weile im Park. Auf einmal kam der Mann zurück, er war beim Bäcker gewesen und hatte für sie alle Kuchen mitgebracht. Gemeinsam verbrachten sie einen schönen Nachmittag. Dem Ereignis folgte nichts weiter, es war einfach ein schönes Erlebnis. Eine solche Erfahrung wäre für Petra vorher einfach nicht möglich gewesen. Sie hätte den fremden Mann gleich zu Beginn der Interaktion abweisende Signale gesendet und es wäre bei einem kurzen Wortwechsel geblieben. Doch jetzt waren neue Inhalte möglich.

In den folgenden Monaten wechselte ihre Erfahrung zwischen der Präsenz des alten Gefühls »Ich bin ausgeliefert« und einem bewussten Aufrechterhalten der neuen Haltung. Nach vier Monaten hatte sich Petras gefühlter Seinszustand deutlich verändert. Sie war lebensfroh, zufrieden und in ihrer Situation als allein erziehende Mutter glücklich. In diesem Zustand der Fülle begegnete sie zwei weitere Monate später ihrem zukünftigen Mann, mit dem sie seit zehn Jahren in einer glücklichen Beziehung lebt.

HANS wandelte seine Haltung von »Ich bin zu dumm« in »Ich bin ein gelassener, authentischer Mann«. Hans stellte einen Plan für sich auf, in dem er klar formulierte, welche wissenschaftlichen Projekte er vertiefen und welche er eigentlich nicht verfolgen wollte. Zum ersten Mal fasste er den Mut, Projekte abzulehnen und stellte fest, dass das möglich war. Das war für ihn eine wirklich neue Erfahrung. Relativ schnell bekam Hans einen Dienstreiseauftrag, der ihm erlaubte, sich ausschließlich seiner Forschungsarbeit zu widmen. Dies genoss er außerordentlich. Nachdem er sich eine zeitlang verstärkt administrativer Arbeit gewidmet hatte, eröffneten sich ihm Möglichkeiten, ausschließlich zu forschen und sich dennoch in einem finanziell sicheren Rahmen zu bewegen. Vorher hatte er nie in eine solche Richtung geblickt, da er es nicht für möglich gehalten hatte. Von dieser Art von Forschungsaufträgen hatte er vorher nie gehört.

Die Auseinandersetzung mit den Eltern

Die Eltern spielen in Bezug auf unsere Partnerschaften immer eine entscheidende Rolle, da sie es sind, bei denen wir Beziehungen lernen. Sie sind in der Regel die ersten Menschen, mit denen wir eine Beziehung haben und bei denen wir erleben und beobachten, wie Partnerschaft funktioniert beziehungsweise auch nicht funktioniert. Aus dieser Beobachtung ziehen wir ebenfalls unsere Schlussfolgerungen.

Unsere Eltern sind zum einen meistens daran beteiligt, welche Schlussfolgerungen wir über uns selber ziehen, zum anderen welche Schlussfolgerungen wir über Männer, Frauen und über Partnerschaft ziehen.

Unsere Eltern sind zwar daran beteiligt, haben jedoch keinen Einfluss darauf, was genau wir jeweils schlussfolgern.

SIGRUN ist eine attraktive Frau und beruflich erfolgreich in einer Führungsposition. Sie klagte über Folgendes: Sie war im Wechsel entweder mit Männern zusammen, die zu anhänglich waren oder mit solchen, bei denen Unabhängigkeit über allem stand. In beiden Fällen bekam sie nicht, wonach sie sich sehnte. In den meisten Fällen beendete sie die Beziehungen. Sie spürte, dass diesen wiederkehrenden Erfahrungen ein Muster zugrunde lag, aus dem sie wirklich aussteigen wollte.

Im Coaching erkannte sie, welches tiefer liegende Muster sie lebte.

In ihrer Kindheit erlebte sie die Beziehung ihrer Eltern folgendermaßen: Der Vater war lieb, aber beruflich erfolglos und brachte die Familie wiederholt in finanzielle Schwierigkeiten, die die Mutter mit ausbaden musste. Die Mutter machte dem Vater deswegen oft Vorwürfe, nahm dann das Zepter in die Hand und rettete die Situation für die Familie. Das funktionierte in gewisser Weise. Sigrun lernte: Männer bringen es nicht. Mutter und Tochter waren sich einig gegen den Vater. Er war der Trottel und unbewusst verachteten sie ihn.

Wie sich herausstellte, war das bei ihrer Großmutter auch schon so gewesen. Auch sie hatte in der Familie die Kontrolle gehabt. Die Probleme mit den Männern lieferten immer Gesprächsstoff und sorgten dadurch paradoxerweise für Familienzusammenhalt – allerdings nur unter den Frauen.

Wenn Sigrun nun mit einem Mann dauerhaft glücklich wäre, würde sie die in ihrer Familie über Generationen gelebte Überzeugung, dass Männer es nicht bringen, über Bord schmeißen. Unbewusst befürchtete Sigrun, dann ihre Mutter und Großmutter ins Unrecht zu setzen. Dieser Zusammenhang wurde nun erst im Coaching für sie sichtbar. Mit ihren Beziehungserfahrungen setzte sie eine lange Tradition ihrer Familie fort, in der weder Männer noch Frauen gewinnen konnten.

Indem Sigrun sich also entweder einen anhänglichen oder einen sehr unabhängigen Mann wählte, plante sie unbewusst voraus, dass auch sie nicht gewinnen, also dauerhaft erfüllt und glücklich mit einem Mann sein konnte. Außerdem behielt Sigrun so die Kontrolle, denn sie bestimmte die Dauer der Beziehungen. Sie hatte immer wieder begrenzt schöne Zeiten mit Männern, allerdings ohne wirkliche

Hingabe, denn niemand kann sich gleichzeitig hingeben und kontrollieren. Sigruns Mutter war bei jeder Beziehung schon gespannt, wie lang es wohl dieses Mal gehen würde. Sie war sehr misstrauisch, wenn Sigrun ihr von den schönen Zeiten erzählte, als ob sie sagen würde: »Na, warte mal ab, nicht mehr lange, dann gibt's wieder Probleme …« – und es gab wieder Probleme. Darüber konnte sich Sigrun dann wieder stundenlang mit ihrer Mutter in gemütlicher Zweisamkeit unterhalten.

Welchen Gewinn erhielt Sigrun daraus, so zu handeln? Sie bekam Aufmerksamkeit und Zuwendung von ihrer Mutter. Sie war sicher bei ihrer Mutter. Es war vertraut und sie war nicht allein. Das war nämlich etwas, was Sigrun noch mehr befürchtete: letztlich allein dazustehen. Für sie schien es sicherer, auf ihre Mutter als auf einen Mann zu bauen. Also lebte sie das Muster der Frauen in ihrer Familie, denn alle hatten damit überlebt. Sich davon zu trennen, schien zunächst einem Verrat gleichzukommen.

Die Möglichkeit in Betracht zu ziehen, mit Männern zu gewinnen, eröffnete für Sigrun ein völlig neues Spielfeld. Gleichzeitig befreite sie damit ihre Familie von einem überholten Muster. Dazu gehörte, ihre Meinung über Männer bewusst zu wandeln und damit offen für neue Erfahrungen mit ihnen zu sein.

Dieses Beispiel zeigt, wie Überzeugungen oft unbewusst von Generation zu Generation weitergegeben werden. In Teil II, wo es um im Kollektiv verankerte Überzeugungen geht (siehe S. 85), gehen wir auf diesen Zusammenhang ein.

In dem oben genannten Beispiel ist Sigrun mit ihrer Mutter scheinbar positiv verbunden und fühlt Groll gegenüber ihrem Vater, den sie unbewusst auch auf andere Männer überträgt.

Die Verstrickung mit ihrer Mutter hat sie bisher in Kauf genommen, da sie sie vor Einsamkeit schützte. Sigrun solidarisierte sich mit der Mutter gegen den Vater.

Oft grollen wir unbewusst beiden Eltern, manche grollen ihnen auch sehr offensichtlich und vermeiden jeglichen Kontakt mit ihnen.

Ohne die Auseinandersetzung mit unseren Eltern kommen wir in unseren Beziehungen nicht weiter. Diese Auseinandersetzung ist sogar häufig der Schlüssel für die Möglichkeit einer eigenen erfüllten Partnerschaft, denn Unvollständigkeit in der Beziehung zu den Eltern bindet uns mit unserer Energie an sie.

Gerade wenn wir sie ablehnen, bleiben wir mit unseren Eltern verstrickt, denn Ablehnung macht uns in keiner Weise frei. Oft glauben wir dann, das Gegenteil von dem leben zu müssen, was unsere Eltern machten, und schränken unsere Erfahrungsmöglichkeiten dadurch ebenfalls ein. Oder wir stellen mit der Zeit fest, dass uns das Gegenteil auch nicht glücklicher macht als unsere Eltern es sind. Manchmal müssen wir uns eingestehen, dass wir dem Elternteil, den wir am meisten ablehnen, am ähnlichsten sind. Ein anderes Mal stellen wir verblüfft fest, dass unser Partner/unsere Partnerin Ähnlichkeiten mit unseren Eltern aufweist.

Neben offensichtlicher Ablehnung gibt es auch das Phänomen, dass wir denken, ein völlig ungetrübtes Verhältnis zu unseren Eltern zu haben. In Wirklichkeit aber haben wir die Beziehungsproblematik einfach weggedrückt und uns die Verbindung schöngefärbt.

Auseinandersetzung mit den Eltern bedeutet nicht zwangsläufig, Probleme mit ihnen zu haben. Es bedeutet, für uns zu erkennen, was wir ihnen bewusst gleichtun wollen und wo wir uns abgrenzen möchten. Oft befürchten wir unterschwellig, unsere Eltern zu verraten, wenn wir uns rigoros abgrenzen und uns für einen anderen Lebensentwurf oder ein anderes Beziehungsmodell entscheiden.

Wir können diesen Prozess unterstützen, wenn wir den Beitrag der Eltern zu unserer Entwicklung anerkennen und ihnen dies mitteilen. Damit sagen wir nicht, dass uns alles gefiel, was sie taten. Aber es ist ja eine Tatsache, dass es uns ohne sie gar nicht gäbe. Ihren Beitrag, uns das Leben ermöglicht zu haben, können wir immer anerkennen.

Sigrun lernte, ihr Spielfeld so zu erweitern, dass sie sich in der Beziehung zu ihrer Mutter klar abgrenzen konnte und sowohl mit ihr als auch mit ihrem Partner eine erfüllte Beziehung haben konnte. Konkret bedeutete dies, dass Sigrun in den Gesprächen mit der Mutter das Beziehungsthema erst einmal ausklammerte und stattdessen neue Themen fand, die beide interessierten. So lernte sie, die Verbindung zu ihrer Mutter nicht nur über Probleme mit Männern aufrechtzuerhalten.

Unvollständigkeit in der Beziehung zu den Eltern

Wir sind immer dann mit unseren Eltern unvollständig, wenn sich Gefühle wie Trauer, Groll, Wut, oder Verachtung einstellen, sobald wir an sie denken. Auf Unvollständigkeit lässt sich nichts Neues aufbauen. Wenn wir eine neue Qualität in unser Leben integrieren wollen, so geht das nur auf der Basis von Vollständigkeit. Vollständigkeit in Beziehungen erkennen wir daran, dass kein unangenehmes Gefühl in Verbindung mit der anderen Person auftaucht. Wir fühlen uns frei, mit diesem Menschen Kontakt zu haben oder auch nicht. Beide Möglichkeiten sind gleichberechtigt. Wir können wählen.

Mit den Eltern verhält es sich wie mit Partnern/Partnerinnen aus vergangenen Beziehungen.

Wann immer etwas in einer Beziehung unvollständig geblieben ist, nehmen wir es mit in die nächste Beziehung. Wenn wir mit unseren Eltern nicht vollständig sind, nehmen wir die Vorbehalte mit in unsere Partnerschaft und sind mit »Nicht-Mutter« oder »Nicht-Vater« in Beziehung oder mit Mutter beziehungsweise Vater. In beiden Fällen sind wir nicht mit unserem Partner zusammen.

Um diesen Prozess einzuleiten, ist es hilfreich, sich folgende Fragen zu beantworten:

- Was an Mutter oder Vater kann ich absolut nicht leiden?
- Stelle ich fest, dass ich dieses Verhalten selber öfter zeige oder dass ich mich in eine ähnliche Richtung entwickle?
- Stelle ich fest, dass ich versuche, genau das Gegenteil zu leben?
- Stelle ich fest, dass mein Partner oder meine Partnerin genau dieses Verhalten oder das Gegenteil an den Tag legt?
- Wer von meinen Eltern hatte die besseren Chancen durchzukommen und war demzufolge der Gewinner/die Gewinnerin?
- Mit wem habe ich mich solidarisiert?
- Welche Meinung hatten meiner Beobachtung nach meine Eltern jeweils über Männer/Frauen?
- Welche Meinung habe ich über Männer/Frauen/Partnerschaft?
- Gibt es Ähnlichkeiten?
- Wenn ich meine Mutter und meinen Vater jeweils mit einem Eigenschaftswort und einem Hauptwort beschreiben müsste, welche Worte würde ich wählen:

Meine Mutter ist eine ...

Mein Vater ist ein ...

In der Regel folgen wir entweder dem/der vermeintlichen Gewinner/in, oder solidarisieren uns mit dem/der vermeintlichen Verlierer/in.

Sigrun identifizierte ihre Mutter als vermeintliche Gewinnerin und folgte ihr.

Häufig nimmt die Tochter die Mutter als Verliererin im Leben wahr und dementsprechend folgt sie dem Vater, der sie fordert, ermutigt und unterstützt. Der Lebensentwurf der Mutter bietet für die Tochter keine Perspektive und wird daher abgelehnt. Dadurch ist die Beziehung zur Mutter in der Pubertät oft problematisch, da die Tochter glaubt, sich rigoros abgrenzen zu müssen, um im Leben erfolgreich zu sein.

Die unterschiedlichsten Spielarten dieser Dynamik sind möglich. Eine andere Variante wird durch folgendes Beispiel deutlich:

FRANK solidarisierte sich mit seinem Vater, er hielt ihn für den Verlierer in der Beziehung zu seiner Mutter. Seine Eltern führten ein Einzelhandelsgeschäft. Die Mutter bestimmte, wo es langging, der Vater konnte sich neben ihr nicht entfalten und begann zu trinken. Weitere Krankheiten folgten, das Geschäft lief nicht besonders gut. Die Mutter bestimmte, dass Frank den Laden übernehmen sollte, was er auch tat, jedoch ohne darin erfolgreich zu sein. In seiner Erfolglosigkeit erkannte er sein unbewusstes Bemühen, den Vater ins Recht zu setzen. Er folgte ihm, um ihn zu stärken, doch so verloren beide. Als Partnerin wählte er eine dominante Frau, neben der er sich ebenfalls als Verlierer fühlte. Dabei war er eigentlich stärker an seine Mutter als an seine Frau gebunden, obwohl er gerade dies auf keinen Fall wollte.

Häufig übernehmen wir auch die negative Meinung über Mannsein und Frausein von einem oder beiden Elternteilen und übertragen sie unbewusst auf unseren Partner/unsere Partnerin. Diese Meinung bekommen wir von Kindheit an von unseren Eltern mit, sie ist durch ihr Verhalten präsent. Das Verhalten des Partners/der Partnerin bestätigt diese Meinung dann erneut.

Die Beziehung zu den Eltern hat in den meisten Fällen auch etwas mit unserer Identität zu tun. Oft machen wir die Eltern sogar für das

Entstehen dieser Schlussfolgerung über uns selbst verantwortlich oder glauben, sie seien zumindest daran beteiligt. Im Folgenden möchten wir verdeutlichen, warum das nicht zutrifft.

Erinnern wir uns an ANGELIKA, die mit 14 Monaten, kurz nach der Geburt ihrer kleinen Schwester ins Krankenhaus eingeliefert und operiert wurde, und dann sechs Wochen ohne Kontaktmöglichkeit zu den Eltern dort verbringen musste. Aufgrund dieser Situation schlussfolgerte sie unbewusst: »Ich bin unerwünscht.« Sie grollte ihren Eltern deswegen und machte sie für ihren Krankenhausaufenthalt und sowieso für die Geburt ihrer Schwester verantwortlich. Man könnte auch sagen, dass sie ihren Eltern etwas unterstellte.

Wenn wir uns in die Lage der Eltern versetzen wollen, fragen wir uns: Was hat die Eltern so handeln lassen? Hatten sie möglicherweise eine positive Absicht? Die Antwort ist: Ja natürlich, sie retteten ihrer Tochter mit dem Krankenhausaufenthalt das Leben. Wer würde jemand Unerwünschtem schon das Leben retten? Grundsätzlich lieben Eltern ihre Kinder, es ist ihnen fast unmöglich, die eigenen Kinder nicht zu lieben. Es gefällt uns oft nicht, was unsere Eltern tun und es mag uns schwer fallen, die Liebe in ihrem Handeln zu erkennen, meistens handeln sie dennoch in bester Absicht. Oft wissen sie es einfach nicht besser.

Wie Eltern sich verhalten und was möglicherweise ihre Absichten sind:

- Sie glauben, Methoden wie Strenge und Kritik einsetzen zu müssen, um das Kind zu einem anständigen Menschen zu erziehen.
- Sie schicken das Kind gegen seinen Willen auf Klassenfahrt, um es in seinem Sozialverhalten zu fördern.
- Sie halten das Kind kurz, um es auf keinen Fall zu verwöhnen.
- Sie zwingen das Kind, für die Schule zu lernen, damit es dem Kind einmal besser geht als den Eltern.

- Sie geben das Kind weg, damit es eine Erfolg versprechendere Zukunft hat.
- Das Kind darf ohne Aufsicht nichts mit Altersgenossen unternehmen, um vor Gefahren geschützt zu sein.
- Beide Eltern arbeiten viel, um den Kindern einen hohen Lebensstandard bieten zu können.
- Die Eltern trennen sich, um den Kindern ständige Streitereien zu ersparen.
- Die Eltern bleiben trotz Streitereien zusammen, um die Familie nicht zu zerstören.
- Sie bieten dem Kind wenig an Dienstleistungen an, um es zu einem selbstständigen Menschen zu erziehen.

Als Kind interpretieren wir das oben genannte Verhalten der Eltern in der Regel gegen uns. Wir unterstellen, dass wir nicht geliebt werden, nicht wichtig, nicht gut genug o. ä. sind. Dafür erhalten wir auch immer wieder neue Beweise. Auf unsere Interpretationen haben die Eltern wenig Einfluss. Viele wissen gar nichts davon.

Womit Eltern ihre Liebe ausdrücken, und wie Kinder dies als selbstverständlich abwerten:

- Eltern kochen Lieblingsessen
- Eltern machen Geburtstagsgeschenke und organisieren Partys
- Eltern erfüllen uns unsere Weihnachtswünsche
- Eltern fahren mit uns in Urlaub
- Eltern gehen mit uns zum Arzt
- Eltern spielen den Chauffeur
- Eltern spielen mit uns Spiele
- Eltern bereiten uns ein schönes Zuhause
- Eltern kaufen uns ein Haustier und versorgen es dann selbst
- Eltern finanzieren Ausbildung oder Studium

Alle diese Beispiele zeigen, dass dieses selbstverständliche Verhalten uns nicht ausreicht, um uns das Gefühl zu geben, geliebt zu werden und von unserer Schlussfolgerung Abstand zu nehmen.

Solange wir unsere Eltern in einer negativen Meinung halten, interpretieren wir ihr Verhalten gegen uns und bekommen darüber Recht. Diese Dynamik gilt es zu durchschauen. Im selben Moment, in dem wir bereit sind, ihre positive Absicht anzuerkennen und von ihrem Verhalten zu trennen, müssen wir ihr Verhalten nicht mehr gegen uns interpretieren. Andererseits können wir uns dann auch besser davon abgrenzen und gleichzeitig eine positive Meinung über sie und uns aufrechterhalten.

Auswirkungen des Grolls auf die Eltern

Unsere Eltern wirken wie ein Negativ-Vorbild und der Wunsch, es auf jeden Fall anders als sie zu machen, gibt uns ein Ziel. Darüber hinaus haben wir eine Rechtfertigung, nicht das ideale Kind zu sein, beziehungsweise nicht glücklich und erfolgreich zu sein, auch wenn wir schon längst erwachsen sind. Die Eltern haben unsere Liebe nicht verdient. Wir haben keine Anerkennung für ihr Mutter- oder Vatersein. Durch unsere Ablehnung halten wir die Verbindung aufrecht, da wir unseren Eltern wiederholt Gründe liefern, sich sorgen oder ärgern zu müssen. Dadurch binden wir ihre Aufmerksamkeit.

Eltern warten oft noch auf dem Totenbett auf die Anerkennung für ihr Elternsein. Sie brauchen von ihren Kindern die Bestätigung, dass sie ihre Aufgabe als Eltern erfüllt haben. Dies ist für sie am deutlichsten dann zu erkennen, wenn ihre Kinder glücklich sind. Solange wir Probleme in unseren Beziehungen haben oder beruflich unglücklich sind, fühlen sie sich weiter für uns verantwortlich.

Solange wir schlecht über unsere Eltern denken, fällt das auf uns selbst zurück. Wir hoffen, trotz unserer Eltern erfolgreich zu werden und sind wegen unserer Eltern nicht erfolgreich. Für diese Sichtweise zahlen wir einen hohen Preis. In Wirklichkeit müssen wir von einem solchen Standpunkt aus dauerhafte Erfüllung von uns fernhalten, denn in dem Moment, in dem wir erfolgreich und erfüllt wären, hätten unsere Eltern alles richtig gemacht. Wir wären über unsere Meinungen im Unrecht. Dieser Zusammenhang ist vielschichtig und im Einzelfall genau zu untersuchen. Häufig geht es darum, das Recht auf Rache aufzugeben, um sich selbst Erfüllung zu ermöglichen.

Individuelle Muster und die Beziehung

Im Folgenden zeigen wir an einem Beispiel, wie auch andere unbewusste Überzeugungen Konflikte zwischen Partner/innen verursachen, Unverständnis und Schmerz auslösen und die Beziehungsqualität beeinträchtigen.

CHRISTA arbeitet seit 14 Jahren als selbstständige Rechtsanwältin. Seit einem Jahr geht es bergab, große Mandate fallen weg und sie bekommt keine neuen Aufträge. Sie arbeitet im Durchschnitt 12 Stunden täglich und hat vier Mitarbeiter. Seit fünf Jahren hat sie keinen Urlaub mehr gemacht, weil sie in ihrer Kanzlei unabkömmlich ist. Sie fühlt sich völlig überarbeitet und ausgebrannt.

Christa ist seit sieben Jahren mit Jens zusammen, der eigentlich in Spanien lebt und dort als Skipper arbeitet. Seit einem Jahr hat er aber keine Aufträge mehr und lebt bei ihr in Berlin. Er hat nichts zu tun, ist den ganzen Tag zu Hause, kocht für sie und sieht fern.

Christa entschließt sich zum Coaching, nachdem sie eine unangenehme Situation mit Jens erlebt hat, wobei er sie in einem kurzen heftigen Wutausbruch vor Freunden bloßstellte. Er sagte, sie würde »eh nur Blödsinn« reden, sobald sie den Mund aufmache. Als sie ihn später, nachdem sie wieder allein waren, fragte, warum er sie vor ihren Freunden in solcher Heftigkeit kritisierte, konnte er sich an nichts mehr erinnern. Er meinte, dass sie wohl unter Verfolgungswahn litte.

Im Coaching spricht Christa über ihre Erwartungen an Partnerschaft und über ihre Absicht mit Jens. Sie liebt Jens und möchte mit ihm zusammenbleiben. Sie erhofft sich Harmonie und gegenseitige Unterstützung. Am meisten fehlt ihr seine verbale Anerkennung. Sie fühlt sich von ihm gegängelt und klein gemacht. Sie hat Angst zu versagen, nicht nur privat, sondern auch beruflich. Und es geht ja auch bergab. Sie erzählt, dass Jens sich beispielsweise beschwert und sagt: »Du räumst dein Nähzeug nicht weg, lässt alles liegen.« Wenn sie morgens mit ihm noch Kaffee trinken will, weil sie sonst keine Zeit haben, richtig miteinander zu reden, sagt er: »Du kommst noch zu spät.« Christa kommt tatsächlich öfter zu spät in die Kanzlei.

Inwiefern bestätigen Jens und die Umstände Christa etwas, das sie kennt? Worüber bekommt sie Recht? Sie kennt die Angst zu versagen, eigentlich zieht diese sich durch ihr Leben. Auf die Frage, woher sie diese Angst haben könnte, erinnert Christa sich an folgenden Ausspruch ihrer Mutter: »Wer einmal versagt, versagt immer!« Diese Worte wählte ihre Mutter häufig. Christa versuchte daraufhin, Versagen um jeden Preis zu vermeiden. Natürlich zog sie dadurch das Damoklesschwert Versagen geradezu magisch an. Es schwebte ständig über ihr, auch in ihrem Berufsleben.

Auf die Frage, ob sie sich neben ihrem Freund schon immer klein gefühlt habe, antwortet Christa mit nein. Das Gefühl stellte sich erst ein, als er arbeitslos zu Hause war, also seit etwa einem Jahr. Aber gleichzeitig passierte auf einer anderen Ebene noch etwas anderes. Christa erzählte, dass Jens ihr zu verstehen gegeben habe, dass er sich oft neben ihr klein fühlen würde. Sie wollte natürlich, dass es ihm neben ihr gut ginge. Auf keinen Fall sollte er sich kleiner fühlen als sie. So fand sie unbewusst folgende scheinbare Lösung: »Wenn ich, Christa, mich kleiner mache, als ich wirklich bin, so tue, als sei ich dabei zu versagen, dann kann er sich größer fühlen.«

Diese Strategie hat Christa erfolgreich praktiziert. Sie war ein Ausdruck ihrer Liebe zu Jens. Sie wollte nicht, dass er sich klein fühlt, weil er keine Arbeit hat. Ihr war überhaupt nicht klar, welche Auswirkungen diese Strategie auf ihr ganzes Leben haben würde. In ihrem Erleben wurde sie in allen Bereichen zu ihrer Realität.

Christa stellte sich aus Liebe unter Jens, um ihn größer erscheinen zu lassen. Sie erkannte als roten Faden in ihrem Leben die Identität: »Ich bin zu klein«. Jens bestätigte durch sein Verhalten ihre Identität und damit die Angst zu versagen. Damit setzte er sie ins Recht.

Partner/innen setzen sich über ihre Identität gegenseitig ins Recht.

Der Preis dieser Identität war, dass es mit Christas Firma weiter abwärts ging. Es war klar, dass es so nicht mehr weitergehen durfte. Zwischen Christa und Jens war keine wirkliche Nähe möglich, denn auch Jens war unzufrieden und wollte eigentlich keine Frau, die sich klein macht. Auch er merkte, dass etwas nicht stimmte, wusste aber nicht, was er dagegen tun könnte.

Jens hatte nicht wirklich Interesse daran, Christa klein zu machen. Prinzipiell war das nicht seine Art. Dennoch passierte es immer wieder. Christas Anteil an seinem Verhalten war, dass sie durch ihre Identität diese Bestätigung unbewusst herausforderte. Deshalb vergaß Jens seine Beleidigungen schnell wieder, da sie für ihn nicht von Bedeutung waren – für Christa dagegen schon. Außerdem bestätigte er ihr damit eine weitere Überzeugung, die sie hatte, welche Männer betraf: »Männer sind eingeschnappte Leberwürste.« Diese Meinung hatte sie schon lange, sie war ihr jedoch nicht bewusst gewesen. Jens' jetziges Verhalten passte dazu.

Partner/innen bestätigen sich gegenseitig die jeweilige Meinung über das andere Geschlecht. Ist diese Meinung negativ, verlieren trotz positiver Absicht beide.

Christas positive Absicht, ihren Freund zu stärken beziehungsweise ihn auf gar keinen Fall weiter zu schwächen, hatte wesentlich zu diesem unförderlichen Zusammenspiel geführt. Nun hatte sie aber wieder die Wahl, etwas anderes zu leben. Sie erkannte, dass sie sehr machtvoll darin gewesen war, so zu tun, als sei sie klein.

Es kostet viel Energie, sich kleiner zu machen, als man ist. Dieselbe Energie konnte Christa nun wieder für ihren Erfolg und auf förderliche Weise für ihre Partnerschaft mit Jens einsetzen.

Ihre Überzeugung von Männern wandelte sie zu: »Männer sind liebevolle Unterstützer«. Als neues Spielfeld für sich selbst wählte sie: »Ich bin eine erfolgreiche, kompetente Frau.«

Eigentlich wünschte sich Christa von Jens Unterstützung in der Form, dass er sie bei Geschäftstreffen begleitete. Damit hätte er gezeigt, dass er als Partner zu ihr stand. Bisher hatte sie sich nicht getraut, ihn darum zu bitten, weil sie befürchtete, er würde sich dann wieder klein neben ihr fühlen und daher gar nicht erst mitkommen. Allerdings nahm sie allein auch nicht mehr an geschäftlichen Treffen teil, was wiederum Folgen für ihren Beruf hatte. Schließlich sprach Christa mit Jens darüber, ohne sich weiter klein zu machen. Sie konnte ihn als erfolgreiche und kompetente Frau um seine liebevolle Unterstützung bitten. Und Jens war bereit, ihr den Wunsch zu erfüllen.

Jens und Christa haben ihre berufliche und private Krise beide gut gemeistert. Jens hat inzwischen wieder Aufträge und ist viel unterwegs. Christas Kanzlei hat sich vergrößert. Ihre Partnerschaft gedeiht.

Partner/innen bestätigen sich gegenseitig die Meinung über den anderen. Ist diese Meinung positiv, können sich beide entfalten.

Die Beziehungstorte

Obwohl wir alle schon einmal von einem Partner/einer Partnerin enttäuscht wurden, wagen wir uns in der Regel früher oder später doch wieder hinaus. Dann lernen wir einen neuen Menschen kennen und lieben. Oft suchen wir uns jemanden, der anders als die Vorherigen sein soll. Ist zum Beispiel eine Beziehung an der Untreue des anderen gescheitert, ist uns die Treue des neuen Partners besonders wichtig. Am Anfang können wir dieses Andere und Neue genießen und denken vielleicht sogar, dass es viel besser als vorher ist. Wir haben aus dem Vergangenen gelernt. Nach einiger Zeit stellen wir jedoch fest, dass uns etwas fehlt. Wir wundern uns, trösten uns aber vielleicht mit dem Gedanken, dass man eben nicht alles haben kann. Doch wenn wir tiefer schauen, können wir entdecken, was mitunter dahinter steckt, es gibt nämlich einen Zusammenhang mit der Art und Weise, in welcher die letzte Beziehung beendet wurde.

Wir haben keine Kultur der Trennung. In der Regel ist nach Streit und Enttäuschung einfach Schluss. Wir sind von der Richtigkeit unserer jeweiligen Sichtweise überzeugt, haben unbewusst viel Bestätigung für die negative Meinung des Partners/der Partnerin über uns gesammelt, so dass es unmöglich erscheint, überhaupt miteinander zu kommunizieren. Oder die Beziehung endet mit einem großen Drama. Wir brauchen eine Rechtfertigung dafür, uns trennen zu müssen oder zu dürfen.

So enden Beziehungen mit einem unguten Gefühl und damit bleibt etwas unvollständig. Beide Beteiligten haben letztendlich den Eindruck, verloren zu haben, auch wenn sie das dem anderen gegenüber nicht zugeben würden. Mitunter glauben wir unbewusst, in der nächsten Beziehung einen Ausgleich schaffen zu müssen. Zum Beispiel dadurch, dass genau die Qualität, die in der alten Beziehung besonders toll war, in der neuen Beziehung nur schwach oder gar nicht mehr vorhanden ist – beispielsweise erfüllte Sexualität.

Stellen wir uns diesen Prozess als Torte vor. Bevor wir uns zum ersten Mal richtig verlieben, haben wir einen Fundus mit all den Qualitäten, die uns für eine erfüllte Partnerschaft persönlich wichtig sind. Dazu gehören zum Beispiel erfüllte Sexualität, Familie, Kinder, Verbindlichkeit, gegenseitige Unterstützung, Vaterschaft/Mutterschaft, Treue, gute Gespräche, Nähe. Diese Qualitäten bilden die Tortenstücke unserer individuellen Beziehungstorte, die wir in Beziehungen ein-

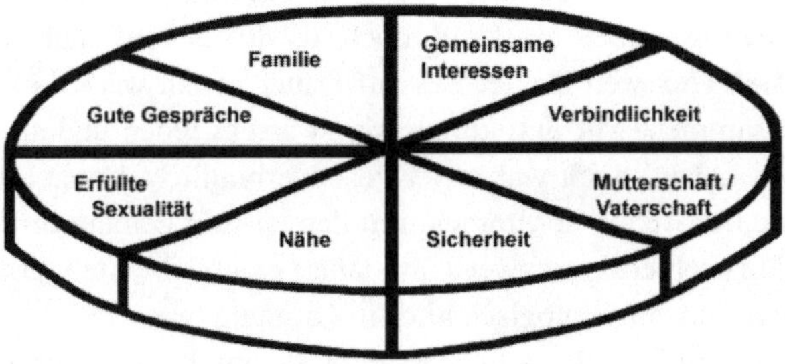

bringen. Nach der ersten Trennung bleibt oft unbewusst ein Tortenstück bei dem/der ehemaligen Partner/in zurück. Dieses fehlt dann in der neuen Beziehung.

Ute und Bernd hatten eine sehr intensive und erfüllte Sexualität in ihrer Beziehung. Nach zwei Jahren trennten sie sich, weil Bernd mit einer anderen Frau geschlafen hatte. Ute war sehr verletzt und konnte Bernd sein Verhalten nicht verzeihen. Sie hatte danach weitere Beziehungen mit Jürgen, Klaus und Achim. Bei Jürgen war die Sexualität nicht so erfüllt. Bei Klaus und Achim ebenfalls nicht. Dieses Tortenstück war noch bei Bernd. Unbewusst hatte sie geschlussfolgert: »So schön wie mit Bernd wird's wohl nie wieder.« Also zog sie Männer an, mit denen erfüllter Sex irgendwie nicht möglich erschien.

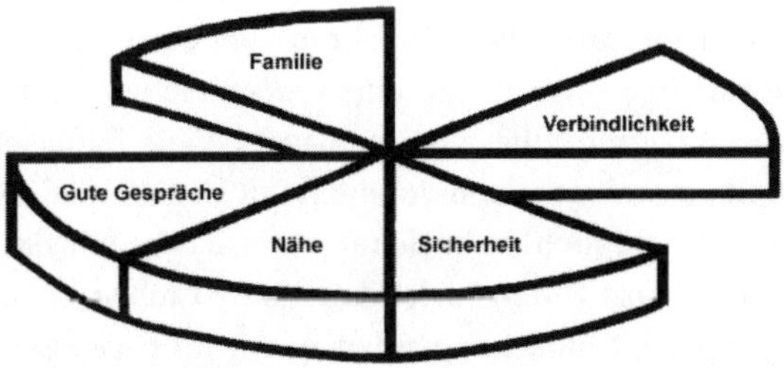

Jürgen war dafür treu und Ute erlebte mit ihm viel Nähe. Die beiden hatten zusammen ein Kind, doch als dieses fünf Jahre alt war, trennte sich Ute, weil ihr der Sex auf Dauer zu lau war. Sie kam mit Klaus zusammen. Mit ihm konnte sie zwar gut reden und ab und zu guten Sex haben, doch war er ihr zu unverbindlich. Danach war sie drei Jahre mit Achim zusammen, mit dem sie ein gemeinsames Kind wollte. Sie probierten es zwei Jahre lang vergeblich: Ute wurde nicht schwanger, obwohl biologisch alles in Ordnung war.

Im Coaching stellte Ute fest, dass sie im Laufe ihrer Partnerschaften unbewusst mehrere Tortenstücke zurückgelassen hatte. Jenes, welches für erfüllte Sexualität stand, war bei Bernd geblieben und das Tortenstück »Vaterschaft« bei Jürgen. Er war für sie unbewusst immer noch der Vater ihrer Kinder. Diese Tortenstücke waren für Ute besonders wichtig und groß und so begann die Beziehung mit Achim nur noch mit einer unvollständigen Beziehungstorte. Ihre Torte wurde immer kleiner und die Erfüllung in den Partnerschaften immer begrenzter.

Manche Qualitäten sind an den/die vorherige/n Partner/in geknüpft. Daher sind sie in den folgenden Beziehungen nur schwach oder gar nicht vorhanden. Je öfter Beziehungen unvollständig beendet wurden, desto mehr Stücke fehlen in der Beziehungstorte.

Es ist natürlich auch möglich, dass bei Einzelnen von uns das eine oder andere Tortenstück bei den Eltern geblieben ist und wir nie mit einer vollständigen Torte auf einen potenziellen Partner zugehen konnten. Wenn unsere Eltern beispielsweise viele Jahre sehr glücklich und liebend zusammenlebten, könnten wir denken, dass so etwas für uns nicht mehr möglich ist beziehungsweise dass wir das nicht übertreffen können. Das Tortenstück »dauerhafte Liebe« ist bei den Eltern geblieben. Solche Entdeckungen haben wir im Coaching immer wieder gemacht.

Übung:
- Welche Qualitäten sind mir in einer Partnerschaft besonders wichtig?
- Wie heißen die Tortenstücke meiner persönlichen Beziehungstorte?

Beispiele:

- erfüllte Sexualität
- Nähe
- Familie
- Mutterschaft/Vaterschaft
- Verbindlichkeit
- Kinder
- Liebe
- ....

- gegenseitige Unterstützung
- gute Gespräche
- Ebenbürtigkeit
- gemeinsame Entfaltung
- Treue
- Sicherheit
- gemeinsame Interessen

- Welche davon lebe ich?
- Welche fehlen und seit wann?
- Mit welchem Partner/welcher Partnerin konnte ich diese Qualität ausgesprochen erfüllend leben?

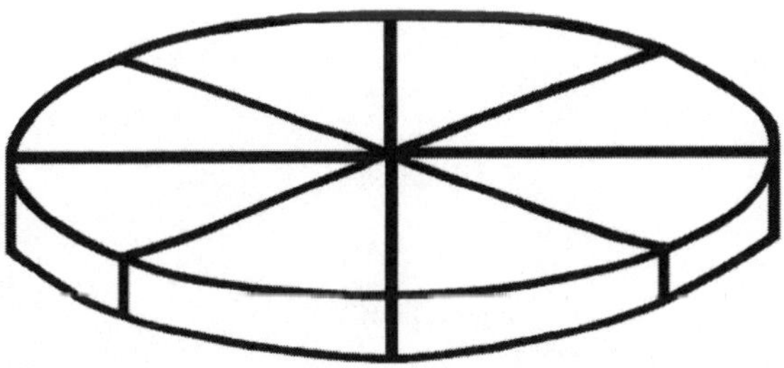

Vervollständigen der vergangenen Beziehung

Um Vollständigkeit in vergangenen Partnerschaften herzustellen, ist das Entwerfen eines Briefes an den/die ehemalige Partner/in eine kraftvolle Möglichkeit.

Heben Sie mit Ihren Worten hervor, welche Qualitäten Sie in dieser Partnerschaft besonders geschätzt haben und bedanken Sie sich bei Ihrem/Ihrer ehemaligen Partner/in dafür. Wünschen Sie ihm oder ihr ehrlichen Herzens Glück und Erfüllung für seine/ihre weiteren Beziehungen.

Erkennen Sie vor sich selbst und der anderen Person an, dass Sie so lange auf diese Qualitäten verzichtet haben und verzeihen Sie sich dafür.

Erlauben Sie sich dann, von nun an diese Qualitäten wieder erleben zu dürfen.

Beenden Sie den Brief mit einer persönlichen Grußformel und Ihrem Namen.

Dann lesen Sie sich den Brief vor. Anschließend zerreißen oder verbrennen und entsorgen Sie ihn.

Teil II

Kollektive Überzeugungen und ihre Wirkung in Beziehungen

Wir tragen natürlich nicht nur unsere individuellen Überzeugungen und Haltungen mit uns herum, sondern wir werden zu einer bestimmten Zeit in eine bestimmte kulturelle Dimension geboren, die wiederum als Kollektiv viele Überzeugungen und Haltungen lebt, ohne sich dessen unbedingt bewusst zu sein. Auch diese Überzeugungen wirken in uns allen und auch hier ist es nötig, diese auf Förderlichkeit oder Hinderlichkeit zu untersuchen, denn sie tragen wesentlich zu heutigen Beziehungskonflikten bei.

Kollektive Überzeugungen entstehen meistens über lange Zeiträume hinweg. Sie erschaffen ein Feld, in dem bestimmte Dinge möglich sind, andere hingegen unmöglich. Am deutlichsten wird uns dies bewusst, wenn wir in andere Länder reisen. Wir befinden uns auf einmal in einer völlig anderen Welt, die wesentlich durch die dort vorherrschenden kollektiven Überzeugungen geprägt ist. Kehren wir nach Hause zurück, in unser eigenes vertrautes Feld, nehmen wir dieses für eine kurze Zeit bewusster wahr als sonst.

Auch kollektive Überzeugungen sind einem ständigen Wandel unterworfen. Meistens geht dieser sehr gemächlich vonstatten. Doch manchmal wird das gesamte kollektive Feld durch schreckliche Ereignisse wie Kriege oder Katastrophen erschüttert. Was gestern noch galt, gilt plötzlich nicht mehr.

Für das Individuum kann es schwierig oder sogar lebensgefährlich sein, Überzeugungen zu leben, die das Kollektiv nicht mitträgt. Pluralistische Gesellschaften bieten da ganz entscheidende Erleichterungen. Eine der Säulen der demokratischen Grundordnung besteht ja darin, dass das Individuum nicht für seine Überzeugungen angegriffen werden darf. Dennoch ist es nach wie vor schwer, etwas zu leben, das in dem kollektiven Feld, in dem wir uns befinden, eigentlich nicht vorhanden ist. In diesem Fall suchen wir uns entweder Gleichgesinnte, um wenigstens ein kleines eigenes Feld zu kreieren, wir werden zu Einzelgängern oder passen uns dem Feld an.

Die Geschichte der Geschlechter

Kalter Kaffee?

Um den kollektiven Überzeugungen im Zusammenhang mit Beziehungen auf die Spur zu kommen, ist eine differenzierte Betrachtung der Geschichte der Geschlechter erforderlich.

Wenn wir uns der Geschichte der Geschlechter nähern wollen, müssen wir uns mit mindestens drei bis fünf Jahrtausenden Abwertung des Weiblichen auseinander setzen – ein umfangreiches Vorhaben. Beim Anschneiden dieses Themas hört erfahrungsgemäß der überwiegende Teil der männlichen Bevölkerung bald nicht mehr zu. Viele verstehen diese Auseinandersetzung als Angriff nach dem Motto »Männer sind Täter, also schuldig« und wehren entsprechend ab.

Bei den kollektiven Überzeugungen gilt dasselbe wie bei den individuellen Überzeugungen. Sie wirken im unteren Teil des Eisberges und solange sie unerkannt bleiben, sind sie die Wurzel für viele Beziehungskonflikte. Der erste entscheidende Schritt ist damit getan, ihnen überhaupt auf die Spur zu kommen. Sie anzuerkennen, stellt oft eine Herausforderung dar.

Eines der Argumente, mit dem das Thema Mann und Frau oft abgeschmettert wird, ist, dass es nicht mehr aktuell sei. Dann heißt es, Frauen seien doch längst gleichberechtigt, wo liege also das Problem? Das Problem ist, dass es nicht nur um Männer und Frauen geht, sondern um das Weibliche und das Männliche. Das Problem ist, dass die meisten von uns nicht einmal wissen, was das Weibliche eigentlich ist, so dass wir selbst in unseren westlichen, so genannten aufgeklärten, »gleichberechtigten« Gesellschaften weit entfernt von einer Balance sind. Unbewusst geistern hier wie überall auf der Welt viele Überzeugungen herum, die auf eine lange Tradition und Gewohnheit zurückgehen und sich erst ändern können, wenn sie uns bewusst werden und wir sie bewusst abwählen, weil sie unförderlich sind. Das Problem ist außerdem, dass vielerorts nicht einmal die »Gleichberechtigung« der Geschlechter herrscht, mit der in der westlichen Welt ein zarter Anfang gewagt wird. Drei Viertel der Weltbevölkerung leben in Unterdrückung oder Armut, unter anderem weil das Weibliche konstant abgewertet wird.

Das Thema Frauen und Männer ist sehr komplex. Seine Geschichte ist auch ein Teil der menschlichen Evolution. Dass darüber Bücher geschrieben und gelesen werden, verdanken wir der unerschütterlichen Sehnsucht unserer Herzen, die einfach nicht aufhören wollen, einen erhabenen Traum zu träumen.

Ganz tief in unseren Zellen pocht das Wissen, dass wir diesen Traum nur miteinander und nicht gegeneinander manifestieren können.

Ursprünglich eins, streben Männliches und Weibliches in jedem von uns zur bewussten Vereinigung. Ebenso streben Männer und Frauen nach dieser harmonischen Vereinigung.

Es wird keinen Frieden auf dieser Erde geben, solange Männer und Frauen keinen Frieden in ihren Beziehungen zueinander finden.

Noch sind wir von einem solchen Frieden in unseren Beziehungen recht weit entfernt. Diejenigen von uns, die diesen Frieden in ihren Beziehungen dauerhaft erleben und wahrhaft glücklich darin sind, bilden die Ausnahme. Die meisten haben sich entweder miteinander eingerichtet und dabei in vielen Bereichen resigniert, oder aber das Glück ist bestenfalls ein Glück auf Zeit.

Was hält uns also davon ab, das zu tun, wonach wir uns im Grunde alle sehnen?

Zwischen uns und der Erfüllung unserer Sehnsucht stehen unförderliche kollektive Überzeugungen, die sich in den letzten Jahrtausenden verfestigt haben und zum großen Teil unbewusst sind. Dennoch bleiben es Überzeugungen, auch wenn wir sie immer wieder mit der Realität verwechseln. Wir sind nicht auf sie festgelegt, wir können sie wandeln.

Der erste Schritt dabei ist, sie zunächst sichtbar zu machen und ohne Wertung anzuerkennen, dass wir diese Überzeugungen in uns haben. Anschließend haben wir wieder die Wahl, wie wir mit ihnen umgehen möchten.

Mit Weiblichkeit ist im Folgenden das weibliche Prinzip als Gegenpol zum männlichen Prinzip gemeint. Beide Prinzipien durchdringen unser Sein auf allen Ebenen. Das weibliche Prinzip betrifft Männer genauso wie das männliche Prinzip Frauen betrifft. Die Unterteilung in Männer und Frauen greift hier zu kurz, auch wenn es konkret oft um Männer und Frauen geht. Die Betrachtung der Vergangenheit ist notwendig, um zu verstehen, was die Geschlechter im Laufe der letzten Jahrtausende zwischen sich gestellt haben und was unsere Beziehungen bis heute erschwert und zum Teil sogar unmöglich macht.

Das weibliche und männliche Prinzip wird auch von einigen Konzepten in der Geschichte immer wieder aufgegriffen. Bekannt ist das taoistische Konzept von Yin und Yang. Entscheidend dabei ist, dass im Kern des einen Prinzips das jeweils andere Prinzip wohnt oder anders ausgedrückt, dass das eine Prinzip nicht ohne das andere exstieren kann. Diese Grundannahme ist die Voraussetzung, wenn wir uns überhaupt mit der Geschichte des Männlichen und Weiblichen auseinander setzen wollen. (Im Folgenden werden wir nur noch von männlich und weiblich sprechen, meinen damit aber immer das männliche beziehungsweise weibliche Prinzip.)

Menschwerdung

Die Geschichte des Menschen, also desjenigen Wesens, welches in der Wissenschaft als *Homo sapiens sapiens* bezeichnet wird und von dem sich der moderne Mensch in seiner Körperform nicht mehr wesentlich unterscheidet, begann vor zirka 160.000 Jahren. So alt werden die bislang ältesten Überreste des modernen Menschen von Wissenschaftlern geschätzt. Dieser moderne Mensch hat sich nach heutigem Kenntnisstand in Afrika entwickelt und von dort aus auf der ganzen Welt ausgebreitet, parallel zum in Europa lebenden Neandertaler, der kein Vorläufer des Menschen ist, sondern einen anderen Ast in der Entwicklung repräsentiert und im Gegensatz zum *Homo sapiens sapiens* vor zirka 35.000 Jahren ausstarb.

Die weitere Entwicklung des modernen Menschen hat viele interessante Stationen, die alle für unser Thema männlich/weiblich von nicht zu unterschätzender Relevanz sind.

Die Altsteinzeit – Verehrung der Großen Göttin

Die ältesten nachweisbaren menschlichen Gesellschaftsformen waren so genannte Jäger- und Sammlerkulturen. Erste Hinweise darüber, wie diese Menschen lebten, was sie sich vorstellten und welche Konzepte sie sich machten, liefern die berühmt gewordenen Felszeichnungen und Höhlenmalereien in Frankreich sowie eine große Anzahl dreidimensionaler Skulpturen aus Stein oder Ton, die eine weibliche Göttin darstellen, wie etwa die in Österreich gefundene Venus von Willendorf (30.000 – 25.000 v. Chr.) oder die Venus von Lespugue aus der französischen Altsteinzeit (um 23.000 v. Chr.). Außerdem legen Tierdarstellungen sowie überwiegend weibliche Symbole wie die vaginaförmige Kaurimuschel Zeugnis von dieser Zeit ab.

Die Göttinnen-Statuetten wurden in so großer Zahl und in einer solchen Ausbreitung gefunden (östlich vom Balkan bis zum Baikal-See in Sibirien, westlich von Willendorf bei Wien bis zur Grotte du Pappe in Frankreich), dass die Verehrung der Leben spendenden weiblichen Kraft als universal angenommen werden kann.

Riane Eisler schreibt dazu: »Das Evolutionsmodell vom Mann als Jäger und Krieger hat mit wenigen Ausnahmen alle Interpretationen steinzeitlicher Kunst beeinflusst. Erst im ausgehenden zwanzigsten Jahrhundert kam es nach Ausgrabungen in Ost- und Westeuropa sowie in Sibirien allmählich zu einem Wandel bei der Interpretation älterer und neuerer Funde und das Verständnis für komplexe religiöse Riten wuchs, die vorher meist als ›Jagdzauber‹ gedeutet wurden«. Erst allmählich begannen und beginnen Forscherinnen und Forscher die nie hinterfragten Dogmen des wissenschaftlichen Establishments in Zweifel zu ziehen.

Die Felsmalereien, die Statuetten, die Gräber und Bestattungsarten, die Höhlenheiligtümer beweisen die Ehrfurcht, die diese frühen Menschen vor den Mysterien des Lebens und des Todes hatten. Es war für sie eine nicht zu übersehende Tatsache, dass das Leben aus dem Leib eines weiblichen Wesens hervorgeht – egal, ob es sich um Menschen oder Tiere handelt. Dieser sichtbare Unterschied zwischen den Geschlechtern sowie die Tatsache, dass der weibliche Körper ähnlich wie der Mond und die Natur bestimmte Zyklen durchläuft, führte dazu, dass die Menschen die Leben spendenden und lebenserhaltenden Kräfte eher in weiblicher als in männlicher Gestalt sahen. Entsprechend verehrten sie diese in Form der Großen Göttin über einen sehr langen Zeitraum hinweg. Die Große Göttin trug das Wunder der Geburt in sich sowie die rätselhafte Kraft, durch die zyklische Regeneration der Natur, Tod in Leben zu verwandeln. Die Frau stellte das Leben der Ahnen wieder her und ermöglichte ihnen die physische Wiedergeburt in der Sippe. So war Geburt immer auch gleichzeitig Wiedergeburt eines verstorbenen Sippenmitglieds. Jenseitsvorstellungen wie wir sie beispielsweise aus der christlichen Tradition kennen, gab es nicht.

Die Jungsteinzeit – Gründerinnen städtischer Hochkulturen

Die Jungsteinzeit umschreibt jene Epoche der menschlichen Kulturgeschichte, in der die Menschen sesshaft wurden und begannen, Ackerbau zu betreiben. Dies kam einer technischen Revolution gleich und veränderte das gesellschaftliche Leben grundlegend. Damals war die Reproduktion von Pflanzen eine sensationelle Erfindung. Sie machte die weiten Wanderwege zum Sammeln von Nahrung überflüssig und ermöglichte erst die Sesshaftigkeit. Diese Sesshaftigkeit war der Ausgangspunkt für weitere Kulturleistungen. Die neolithische Periode war nach Meinung vieler Forscher die Blütezeit der frauenbestimmten Gemeinwesen. Für die Jungsteinzeit sowie große Teile der Bronzezeit war die matriarchale Gesellschaftsordnung die weltweit am meisten verbreitete Gesellschaftsform.

10.000 v. Chr. gab es bereits die ersten Stadtkulturen, die mit Ackerbau verbunden waren und in denen Spezialisierungen wie häusliches und landwirtschaftliches Handwerk aufkamen. Dies ist die Zeit des voll entwickelten klassischen Matriarchats, auf das wir später noch genauer eingehen werden.

Die ältesten archäologischen Ausgrabungen, die auf diese Gesellschaftsordnung verweisen, stammen aus Kleinasien und dem alten Europa aus der Zeit von 9.000 v. Chr. In dieser Zeit wanderte diese Ackerbaukultur praktisch um den ganzen Erdball. Von mehreren Zentren ausgehend und in langsamen Siedlungsbewegungen – es waren keine Eroberungszüge – hielt die Ackerbaukultur einschließlich der ihr zugehörigen Sozialordnung, dem Matriarchat, in allen Kontinenten Einzug. Auch wenn es damit das Matriarchat in einer bestimmten kulturellen Entwicklungsphase überall auf der Welt gab, heißt das nicht, dass dies die einzig existierende Gesellschaftsform war. Parallel dazu bestanden weiterhin altsteinzeitliche Sammlerinnen- und Jägerkulturen.

Die berühmtesten neolithischen Fundorte befinden sich in der heutigen Türkei in Çatal Hüyük und Hacilar auf der Hochebene von Anatolien. Aber auch Fundstätten in Indien förderten frühe Göttinnenstatuen zu Tage, die ähnliche Attribute aufwiesen wie die Muttergöttin. Auch bei den so genannten Megalith-Kulturen wurden solche Statuetten gefunden. Bis heute beeindrucken uns die riesigen, technisch ausgesprochen anspruchsvollen Steinmonumente der Megalith-Kulturen, die bei Stonehenge und Avebury in England sowie an der ganzen Westküste Europas bis nach Portugal zu sehen sind. Im Süden Europas wurden die Denkmale der Megalith-Kulturen auch auf der Mittelmeerinsel Malta gefunden, wo ein gewaltiges Gräberareal als Heiligtum diente. Alle diese Kulturen verband die Verehrung der

Großen Göttin, also die Verehrung des Weiblichen in regional unterschiedlichen Ausprägungen. Entscheidend für unser Thema ist die Tatsache, dass das Weibliche verehrt wurde.

Es ist eine relativ neue Erkenntnis, dass Stadtkulturen mit ihrer dazugehörigen Zivilisation schon viel früher existierten und weiter verbreitet waren als lange Zeit angenommen. Das drückt sich unter anderem in einer Fülle neuerer wissenschaftlicher Publikationen aus. Die Forscherin Marija Gimbutas, Archäologin an der University of California fand einen der aufschlussreichsten Belege einer friedlichen, hoch entwickelten matriarchalen Kultur ausgerechnet im alten Europa, das lange Zeit als rückständig galt. Die Furcht und Schrecken verbreitenden Barbaren, die angeblich das alte Europa beherrschten, sind offenbar eine wesentlich jüngere indogermanische Erscheinung, die erst auftauchte, nachdem die Zivilisation des Alten Europa längst untergegangen war.

Die Zivilisation Alt-Europas hatte sich von ungefähr 7.000 bis 3.500 v. Chr. im gesamten heutigen Balkan bis nach Griechenland und seinen Inseln sowie an der Adria entlang bis Süditalien ausgebreitet. Östlich reichte die Kultur bis in die Ukraine. »Im Laufe zweier Jahrtausende agrarischer Stabilität hat ihr materieller Wohlstand durch die sich ständig verbessernde Bewirtschaftung der fruchtbaren Flusstäler ständig zugenommen«, schreibt Gimbutas. »Weizen, Gerste, Linsen, Erbsen und andere Feldfrüchte wurden angebaut, und es gab – mit Ausnahme des Pferdes – bereits alle Haustiere, die im heutigen Balkan präsent sind.«

Eisler beschreibt das Alte Europa als eine komplexe soziale Organisation, zu der auch viele handwerkliche Spezialisierungen gehörten. Metalle wie Kupfer und Gold wurden zur Herstellung von Schmuck und Werkzeug verwendet. Die Europäer dieser Zeit entwickelten sogar eine Schrift, bei der es sich um eine Sakralschrift handelte. Diese ist viel älter als die Keilschrift der Sumerer, von der wir in der Schule lernen, dass sie die erste menschliche Schrift gewesen sei. Vinca heißt der bisher am besten erforschte Fundort der

Alteuropäischen Zivilisation, der in der Nähe des heutigen Belgrad liegt.

Die alteuropäische Zivilisation wurde von Frauen geschaffen. Sowohl der Mann als auch das männliche Tier repräsentieren in dieser Kultur das spontane, das Leben stimulierende Element. Das Männliche ist nicht die Leben schaffende Kraft.

Die soziale Organisation dieser Matriarchate war matrilokal (am Wohnsitz der Familie der Frau befindlich) und matrilinear (in der Erbfolge der mütterlichen Linie folgend). Ihr spirituelles Zentrum war die Große Göttin, die das schöpferische Prinzip, das Geben von Leben und Freude darstellte, was sich in Wandbildern und Steinfiguren widerspiegelt. Neben der Großen Göttin gab es noch Vogel- oder Schlangengöttinnen. Alles drehte sich um die Erhaltung des Lebens und die Wiederherstellung nach dem Tode, was mit einem Ahnenkult verbunden war. Symbole dieses Kults waren die Mondsichel, Dreifaltigkeitssymbole und Stierhörner. Die Mondsichel ist besonders interessant, weil sie sich bis ins Mittelalter hier und da als Attribut der Gottesmutter Maria erhalten hat.

Das erste Abbild eines männlichen Gottes, das gefunden wurde, hat die Gestalt eines Stieres, der die Maske eines Menschen trägt. Die Gestalt erinnert an den späteren Dionysos, der auch oft als Stier mit betontem Phallus erscheint. Dionysos ist ein sehr alter, mit Sicherheit vor-indoarischer Gott der griechischen Welt und wahrscheinlich der letzte bekannte Nachfahre des Jahresgottes der Alteuropäer. Sein ältestes bisher gefundenes Heiligtum auf Keos wird auf zirka 1.500 v. Chr. datiert.

Der Stier war schon in der viele Jahrtausende älteren Blütezeit der Kultur von Çatal Hüyük ein wichtiges Kulttier der Großen Göttin. Er war ein Symbol für das männliche Prinzip, das seinen Ursprung jedoch in einem alles spendenden göttlichen weiblichen Leib hat. Das weibliche Prinzip brachte also das männliche Prinzip hervor. Im Museum in Ankara ist einrucksvoll zu sehen, wie die Göttin den Stiergott gebärt.

In Dionysos finden wir ein Verbindungsglied zwischen Alteuropäern und den historischen Kulturen des Mittelmeerraumes. Die Verbindung zeugt davon, dass die frauenbestimmte Periode, von der hier die Rede ist, zwar zeitlich weit zurückliegt, aber dennoch ihre Spuren in den historischen Perioden hinterließ.

Eine weitere Spur ist die Schrift. In der alteuropäischen Kultur blieb die Schrift 1.500 Jahre in Gebrauch und zwar von 5.300 bis 3.500 v. Chr. Mit dem Einfall der vor-indogermanischen Kurgan begann in Europa wieder eine schriftlose Zeit. Das Kulturerbe Alteuropas ging aber nicht ganz unter. Man fand verwandte Kulturformen an mehreren Plätzen in der Ägäis, am Balkan bis nach Moldawien und in die Ukraine, an der Adria und der Donau. Nirgendwo aber ist das Erbe so deutlich sichtbar wie in der frühminoischen Periode von Kreta. In Kreta waren vom 3. bis 2. Jahrtausend Siedler unbekannter Herkunft eingewandert. In jedem Fall lebte die europäische Schrift bei den Minoern wieder auf. Diesmal war es eine Schrift, die unser heutiges Alphabet mitgeformt hat. In der minoischen Kultur kehrten auch viele andere Elemente Alteuropas wieder, wie zum Beispiel Frauenfiguren, Schlangengöttinnen, Stier- und Ahnenkult.

Die minoische Kultur in Kreta ist deshalb so interessant, weil sie ein Verbindungsglied zwischen den neolithischen Kulturen und der historischen Zeit bildet. Damit schlägt sie eine Brücke zwischen den frauenbestimmten Gesellschaften und dem frühen Patriarchat Griechenlands.

Die wenigen erhaltenen minoischen Relikte strahlen Sinnesfreude, aber auch heitere Geistigkeit aus. Sie lassen vermuten, dass in Kreta der Tod noch nicht als endgültige Bestimmung des Menschen galt. Dies ist außerordentlich bemerkenswert, weil zur gleichen Zeit in Mesopotamien der Glaube, ein Toter würde in seinen Nachkommen persönlich wiedergeboren, bereits verloren war. Der Tote ging dort für immer in ein Schattenreich ein, welches abscheulich, modrig und den Göttern verhasst war.

In Mesopotamien beginnen sich bereits Jenseitsvorstellungen zu entwickeln – im Unterschied zum Glauben an die Wiedergeburt.

Die minoische frauenbestimmte Zivilisation existierte zeitgleich mit der mesopotamischen frühpatriarchalischen Zivilisation. Der wichtigste Unterschied: Nirgendwo auf Kreta wurden Verteidigungsanlagen gebaut und es gab ganz offenbar keinen Kriegerbund, die Männer waren Seefahrer. Ob es nun die Sorglosigkeit angesichts ihrer langen Seeherrschaft in der Ägäis oder die nichtkriegerische Haltung einer frauenbestimmten Gesellschaft war, die die Minoer ihre Verteidigungsanlagen vernachlässigen ließ, ist heute nicht mehr festzustellen.

Aus unserer heutigen Sicht, in der Rangfolge immer noch als das erste Organisationsprinzip gilt, gehen wir selbstverständlich davon aus, dass ein hoher Status der Frau, wie er für Kreta und die anderen alten Kulturen charakteristisch war, zwangsläufig einen niedrigen Status des Mannes zur Folge hatte. Das Geschlechterverhältnis in Kreta war aber offensichtlich ganz anders.

Der Oben-ohne-Stil in der kretischen Frauenmode und die leichte, die Genitalien betonende Männerkleidung lassen darauf schließen, so schreibt Eisler, dass die Unterschiede zwischen den Geschlechtern und die dadurch möglichen Freuden offen akzeptiert und gelebt wurden. Ein freies, ausgeglichenes Sexualleben verbunden mit Begeisterung für Sport, Spiel und Tanz drückten Lebensfreude und Kreativität aus. Die friedliche, harmonische und freudvolle Atmosphäre unterscheidet die minoische Hochkultur deutlich von allen anderen Hochkulturen dieser Zeit. In Gesellschaften Südmesopotamiens herrschte zum Beispiel bereits um 3.500 v. Chr. ein strenges Kastensystem. Kriege und Scharmützel waren an der Tagesordnung und der Status der Frau verschlechterte sich zusehends.

Die minoische Kultur ging um zirka 1.200 v. Chr. unter.

Erst seit einigen Jahrzehnten werden diese frauenbestimmten Gesellschaften nach und nach wieder entdeckt. Bisher war die Geschichte »nach hinten« verschlossen. Es gab offiziell nur einen einzigen Gesellschaftstyp, in dem Frauen vergleichsweise abhängig und unterdrückt waren, gleichsam von Ewigkeit her. Durch die neuen Entdeckungen wird der Horizont geöffnet und neue Perspektiven werden sichtbar.

Das sich an diese lange Epoche (mindestens 30.000 Jahre) der Menschheitsgeschichte anschließende Patriarchat begann seine Ausbreitung vor zirka 4.000 bis 5.000 Jahren. Die matriarchalen Kulturen wurden bis zirka 1.000 n. Chr. nach und nach ausgelöscht. Natürlich gab es noch lange matriarchale Enklaven, manche haben sich bis in unsere heutige Zeit gehalten. Die Mosuo in Südchina sind ein solches Volk, ebenso wie die Minangkabau in Indonesien (ausführlich beschrieben von der Anthropologin Peggy Reeves Sanday, siehe Literatur), die sich trotz moderner Lebensform die matriarchalen Werte erhalten haben. Viele amerikanische Ureinwohner waren ursprünglich matriarchal organisiert, beispielsweise die Irokesen oder die Cherokee. Auch in Hawaii wurden lange matriarchale Traditionen gepflegt ebenso wie bei vielen anderen indigenen Völkern.

Die wichtigsten Merkmale matriarchaler Kulturen

Wenn wir verstehen wollen, inwiefern wir heute das Weibliche abwerten, bietet ein vergleichender Blick auf die tatsächlichen Merkmale matriarchaler Kulturen, auf ihre Werte und auch den Ablauf des praktischen Lebens eine interessante Informationsquelle. Diese Informationen liefert zum Teil die Archäologie, denn an der Anordnung von Häusern, Gräbern oder Tempeln sind die Werte einer Gesellschaft gut abzulesen. Zudem ist es hilfreich, heutige matriarchale Gesellschaften oder so genannte Mischkulturen zu betrachten, in denen trotz des Versuchs von Seiten des Staates, patriarchale Strukturen einzuführen, viele matriarchale Zusammenhänge erhalten bleiben und weiterhin gelebt werden.

Das Wort Matriarchat stammt aus dem Griechischen und der Teil »arché« bedeutet nicht nur Herrschaft, wie fälschlicherweise immer gedeutet wird, sondern auch Anfang. Am »Anfang waren die Mütter«, schreibt Heide Göttner-Abendroth und fasst damit wohl recht präzise zusammen, was unter Matriarchat zu verstehen ist.

Es waren Gesellschaften ohne Geburtshierarchie, die durchaus geordneten Regeln folgten. Ihre soziale Organisation basierte auf Matriclans, also auf Sippen, die auf der weiblichen Verwandtschaftslinie aufgebaut waren. Matriarchate waren in der Regel Ackerbaugesellschaften mit Gemeinschaftseigentum von Land und großen Häusern, in denen die Sippen lebten.

Politische und soziale Organisation

Den höchsten Wert in der matriarchalen Gesellschaft stellten die generativen, nährenden, Leben erschaffenden und erhaltenden Kräfte in der Natur dar. In ihrem Zentrum stand die Frau, repräsentiert durch eine Gottheit in weiblicher Gestalt.

Technologie diente primär dem Erhalt und der Verbesserung der Lebensqualität. Abstammung wurde über die weibliche Linie der Mütter verfolgt.

Die Menschen lebten in Sippengemeinschaften (ausführlich beschrieben von Heide Göttner-Abendroth, siehe Literatur), die keine uns bekannte oder mit Patriarchaten vergleichbare Herrschaftsstruktur aufwiesen.

Im Matriarchat gab es keine Autokratinnen, es galt höchstens die natürliche Autorität der Sippenmutter, deren Rat stark ins Gewicht fiel und der man vertraute. Ihr Rat wurde freiwillig befolgt – oder nicht.

Sie hatte keinen Erzwingungsstab, wie für Herrschaftsgesellschaften typisch. Die Ordnung blieb durch die geltenden Gebote von selbst erhalten.

In den so genannten Matriclans hatten die verschiedenen Frauengenerationen ihren Platz, ebenso die verschiedenen Männergenerationen. Frauen lebten in einem großen Sippenhaus in mehreren Generationen zusammen mit den in direkter weiblicher Linie dazugehörigen Männern, also ihren Brüdern, Söhnen und Enkeln. Herren, Gatten oder Väter kamen nicht vor. Es gab sie schlicht nicht.

Männer lebten und arbeiteten im Haus ihrer Mütter und bestimmen dort das Leben mit. Sie fühlten sich verantwortlich für die Kinder der Sippe, also die Kinder ihrer Schwestern.

Das Sippenhaus war die kleinste politische Einheit. Entscheidungen wurden hier im Konsens getroffen. Um den Konsens herzustellen, wurde im Kreis geredet. Jede/r brachte ihre oder seine Aspekte solange vor und wurde auch gehört, bis sich ein Konsens zeigte. Auf Dorfebene wurden Entscheidungsprozesse durch die einzelnen Sippenvertreterinnen oder -vertreter weitergetragen, indem diese sich im Dorf- oder Sippenrat solange berieten, bis wieder Einstimmigkeit hergestellt war.

In einer solchen Gesellschaft war eine Herrschaft, die auf Geburtshierarchie, auf Befehlen und Gehorsam beruhte, überhaupt nicht möglich.

In der matriarchalen Gesellschaft fanden sexuelle Beziehungen mit Mitgliedern anderer Sippenhäuser statt. Die nächtliche Besuchsehe ist ein Bild dafür, wobei das Wort »Ehe« an dieser Stelle völlig in die Irre führt.

Entscheidend ist, dass die Mann-Frau-Beziehung nicht an die Existenz geknüpft war.

Weder eine Frau noch ihre Kinder gerieten durch eine solche Beziehung zu einem Mann in materielle Abhängigkeit. Denn für die

Existenzsicherung war immer die eigene Sippe zuständig und auch Garant dafür. Die Väter spielten für die Kinder keine bedeutende Rolle, stattdessen hatten sie eine Beziehung zu ihren Onkeln (den Brüdern der Mutter). Lösten Mann und Frau die Liebesbeziehung wieder auf, so änderte sich das Leben der Kinder nicht gravierend, sie erlitten keinen Verlust, wie das heute bei Trennung oder Scheidung der Fall ist. Die Mann-Frau-Beziehung war nicht auf das ganze Leben oder auf die Periode der Kinderaufzucht ausgelegt, sondern davon völlig unabhängig. Sexualität und Existenz waren nicht miteinander verknüpft, dadurch konnte auch über die sexuelle Beziehung keine Herrschaft ausgeübt werden.

Kunst

Riane Eisler hat die Kunst dieser Periode untersucht und stellt fest: Was bei der Betrachtung der Kunstwerke der Jungsteinzeit als erstes auffällt, ist, dass jegliche Darstellungen einer bewaffneten Macht, Gewaltherrschaft oder Grausamkeit fehlen. Genauso wenig kommen edle Krieger oder Schlachtszenen, Sklaven, Gefangene beziehungsweise sonst in irgendeiner Form unterdrückte Menschen vor. Auch Darstellungen von Herrschern oder Befestigungsanlagen fehlen. Sie tauchen später erst ganz allmählich auf, möglicherweise als Reaktion auf die Vorstöße aggressiver Nomadenvölker aus Zentralasien.

Dafür gab es eine Fülle an Natursymbolen, meistens in Verbindung mit der Großen Göttin. Sie waren in Tempeln und Häusern, auf Wandmalereien und Gefäßen zu sehen. Sonne und Wasser standen für die Erhaltung von Leben, Schmetterling und Schlange waren Symbole der Verwandlung, Regeneration und Transformation. Letztere werden in vielen Kulturen bis heute mit der Göttin gleichgesetzt. Neben den schon erwähnten Frauenstatuetten und Priesterinnenabbildungen kommt auch die weibliche Brust immer wieder als Symbol für Fülle und Leben vor.

Die Assoziation der weiblichen Brust mit dem Erleben von Fülle hat sich bis in unsere heutige Zeit gehalten. Wir brauchen bloß eine Zeitschrift aufschlagen oder Fernsehen zu schauen. Die weibliche Brust ist überall zu sehen.

Sie dient hier der Befriedigung beziehungsweise Anregung überwiegend männlicher erotischer Phantasien. Das darunterliegende Bild von der weiblichen Brust, die außer sexueller Lust, Milch und Honig und Leben gibt, ist dennoch erkennbar. Die weibliche Brust versinnbildlicht all diese Erlebensqualitäten und ist damit das Symbol für Fülle schlechthin. Nur so ist ihre Jahrtausende überdauernde Anziehungskraft zu verstehen.

Weltanschauung und Spiritualität

Ein entscheidendes Merkmal matriarchaler Kulturen war ein zyklisches Weltbild im Unterschied zum heute verbreiteten linearen Weltbild.

Das zyklische Weltbild entspricht dem, was die Menschen in der Natur beobachten konnten, ein Auf und Ab, eine endlose Folge von Entstehen, Aufblühen, Welken und Vergehen.

Das zyklische Weltbild entspricht den Zyklen der Natur (Jahreszeiten), den Mondzyklen sowie den monatlichen Zyklen der Frau. Alle diese Zyklen wurden geachtet und geschätzt. Das Wissen um die Notwendigkeit und Wichtigkeit jeder Phase des jeweiligen Zyklus war selbstverständlich.

Das Bedürfnis von Mensch und Natur nach Rhythmus und Abwechslung bildete das Zentrum des Alltagsgeschehens.

Die Einheit aller natürlichen Dinge wurde in der Göttin personifiziert, die das Wunder der Geburt ebenso in sich trug wie die rätselhafte Kraft, durch zyklische Regeneration Tod wieder in Leben zu verwandeln. Im zyklischen Weltbild waren die Aspekte von Auflösung und Tod notwendige Bestandteile des Lebens. Sie wurden nicht vom

Leben abgespalten, anders als im linearen, polaren Weltbild, in dem es Diesseits und Jenseits gibt, Gut und Böse, Hölle und Paradies.

Die zentralen Kräfte der Schöpfung wurden weniger in Gehorsam und Strafe gesehen, als vielmehr in Geben und Schenken.

Es gab keinen krassen Schnitt zwischen Leben und Tod wie er in späteren Kulturen auftaucht, nachdem das zyklische Weltbild in ein lineares Weltbild aufgespalten worden war. Es herrschte die Vorstellung, dass Leben und Tod zyklische Prozesse sind, die zueinander gehören. Der Tod war nicht das Gegenteil, sondern Teil des Lebens. Jede Form von Leben – also Mensch, Pflanze und Tier – kehrte durch Wiedergeburt aus dem Tod zurück. Leben hatte Dauer, aber nicht als ewig währendes Leben in einem Jenseits, sondern als zyklische, ganz konkrete leibliche Wiederkehr.

Diese Vorstellung nahm den Menschen viel von der Todesangst, die in späteren Kulturen vorhanden ist. Todesangst in diesem Sinne kam gar nicht erst auf, möglicherweise fürchtete man den Sterbeprozess, hatte aber keine Angst vor der Vernichtung der Existenz, was einen entscheidenden Unterschied macht.

Auch die Angst davor, mit der Wiedergeburt vielleicht eine völlig andere Gestalt anzunehmen, beispielsweise wie im Hinduismus oder im Buddhismus zur Strafe als Insekt wiedergeboren zu werden, war unbekannt. Die Vorstellung von Wiedergeburt war insofern sehr konkret, weil jeder verstorbene Mensch als Kind in die eigene Sippe zurückkehrte, ins eigene Sippenhaus, in den eigenen Clan, ins eigene Dorf.

Im patriarchalen Weltbild stehen trennend-hierarchische Konzepte im Vordergrund, während im zyklischen Weltbild solche ausschlaggebend sind, die die sich ergänzenden Aspekte der Schöpfung betonen. Aus der Zeit des Übergangs vom Matriarchat zum Patriarchat wissen wir, dass beide Prinzipien Seite an Seite existierten. Gimbutas schreibt dazu: »Die männliche Gottheit in Gestalt eines jungen Mannes oder männlichen Tieres scheint die Kräfte der kreativen und aktiven Weiblichkeit bestätigt und gestärkt zu haben. Keines der Geschlechter ist dem anderen untergeordnet: indem sie sich gegenseitig ergänzen, verdoppeln sie ihre Kraft.« Die männliche Potenz erfreute und kräftigte die Frau, wodurch der Mann selbst auch wieder bestätigt wurde.

Es fehlte die moralische Vorstellung von der Welt, auch von der Menschenwelt, die die Welt in Gut und Böse einteilt. Es gab keine Abspaltung und Ausgrenzung des Bösen und damit auch keinen Schuldigen, ganz zu schweigen von einem Konzept von Schuld. Vielmehr war ihre Grundvorstellung von der Welt und dem Leben die des ständigen Wechsels, bei dem sich die hellen und die dunklen Seiten gesetzmäßig ablösten. Die dunkle Seite wurde auch nicht als »böse« gewertet, sondern sie war ebenso notwendig wie die helle Seite: Tag und Nacht, Sommer und Winter, Kommen und Gehen, Leben und Tod waren notwendig und bedingten einander.

Ein weiterer wichtiger Aspekt war, dass die Göttin nicht in einem uns bekannten Sinne angebetet wurde.

Es gab keinen Glauben im herkömmlichen Sinne, denn das Göttliche war allgegenwärtig und in jedem Element des Lebens enthalten und dadurch für jeden und jede direkt erfahrbar. Spiritualität und Leben waren ein und dasselbe und dementsprechend war jede Handlung auch gleichzeitig eine spirituelle Handlung. Dies galt insbesondere auch für die Sexualität.

Auch das Jagen und Töten von Tieren war in diesen spirituellen Kontext eingebettet. Dem Tier, das durch seinen Tod dem Jäger sein Fleisch zur Verfügung stellt, wurde mit Respekt und Wertschätzung begegnet.

Matriarchale Spiritualität wurde in der alltäglichen Begegnung mit den Wesen und Dingen gelebt, die alle die göttliche Kraft repräsentierten. Es gab außerdem große Kultfeste, an denen das ganze Volk beteiligt war. Dabei standen die Achtung und der Respekt des Menschen für alle diese Ausdrucksformen der göttlichen Kraft im Vordergrund. Erde, Sonne, Mond, die Elemente, das Reich der Pflanzen und der Tiere – alles wurde ausgiebig geehrt. Bezogen auf die jeweilige natürliche

Umgebung, Landschaft, Flora, Fauna und Wetter waren die Traditionen lokal durchaus verschieden.

Im linearen Weltbild, verkörpert durch monotheistische so genannte Hochreligionen, müssen die Menschen etwas glauben. Doch wir müssen eigentlich nur dann etwas glauben, wenn wir es nicht selbst sehen, prüfen, anfassen, wahrnehmen und erleben und erfahren können.

Beim Glauben wird der gesunde Menschenverstand oft außen vor gelassen, weil das, was zu glauben ist, äußerst unglaubwürdig ist. Es bedarf einiger mentaler Verrenkungen, wenn wir uns einen väterlichen Gott vorstellen wollen, aus dem die Schöpfung geboren wurde – und doch kommt genau diese Formulierung bis heute in vielen Kirchenliedern vor. Sie widerspricht jeglicher Erfahrung.

Wir haben im ersten Teil ausführlich beschrieben, dass es ein menschliches Phänomen ist, Überzeugungen für die Realität zu halten und diese dann entsprechend zu erleben. Nur so ist überhaupt zu verstehen, wie sich Ideologien oder unsere Hochreligionen mit ihren zum Teil absurden Inhalten über einen so langen Zeitraum halten konnten. Denken wir etwa an die Idee einer »unbefleckten Empfängnis«, in der die Abwertung des Weiblichen und der Sexualität schon immanent ist. An einen transzendenten, omnipotenten, unfassbaren und gebärenden Schöpfergott kann man auch höchstens glauben. Zu begreifen ist die Vorstellung von ihm nicht. In Matriarchaten gab es weder im Himmel noch jenseits davon eine derartige Muttergöttin.

Die gesamte Natur, der Kosmos und die Erde machten die göttliche Kraft aus, welche man sich im Matriarchat als weiblich vorstellte, weil sie Leben hervorbrachte. Auch alle Lebewesen, ob männlich oder weiblich, wurden als Teil dieser göttlichen Kraft gesehen. Deshalb begegnete man allem Lebendigen, der Erde als Ganzes, anderen Menschen genauso wie Tieren, Pflanzen und den Elementen mit Respekt.

Die Göttinnenvorstellung der matriarchalen Spiritualität war einerseits universell, andererseits ließ sie Raum für konkrete Wesen: Frauen, Männern, Sternen, Winden, Elementen, Tieren und Pflanzen.

Im zyklischen Weltbild ist die Erde – der Boden unter unseren Füßen – heilig und die Menschen spazieren auf der göttlichen Kraft herum. Wir gewinnen Nahrung von der Erde. Wir haben selbst Teil an ihr, denn jede menschliche Gestalt ist Teil von ihr. Es gibt nichts, was nicht zu dieser göttlichen Kraft gehört. Die Bestimmung des Menschen ist, mit der irdischen und kosmischen Erscheinung des Universums im Einklang zu sein, mit der Natur in Kommunikation zu sein, wie auch die Menschen untereinander in Kommunikation sind, immer und immer wieder die Ganzheitlichkeit der kosmischen Ereignisse in sich zu erfahren.

Im Unterschied dazu sind wir heute nicht in Kommunikation mit der Natur. Kommunikation würde Respekt und Gleichwertigkeit voraussetzen. Wir können nur mit einem Gegenüber kommunizieren, dem wir es ebenfalls zutrauen, kommunizieren zu können. Das fällt uns aber oft nicht ein.

Dies ist zum Beispiel eine entscheidende kollektive Überzeugung. Würden wir mit Bäumen, Tieren und Pflanzen sichtbar kommunizieren, würde uns der größte Teil unseres kollektiven Feldes für verrückt erklären oder zumindest für äußerst merkwürdig halten. Doch auch da zeigt sich ein zarter Wandel. Viele Menschen sprechen zumindest in ihrem Heim längst mit ihren Pflanzen, mit ihren Haustieren sowieso. Selbst eine rein gedankliche Kommunikation mit Lebewesen einer anderen Art als der menschlichen ist ein Ausdruck von Respekt.

Unbewusst tun wir so, als sei die Natur etwas Mechanisches, etwas Unlebendiges beziehungsweise unfähig, mit uns in einen Dialog zu treten. Das heißt, wir haben uns von ihr distanziert, indem wir uns über sie stellen und sie als minderwertig darstellen. Dies ist eine

der unförderlichen Haltungen, mit denen wir es heute noch zu tun haben.

Kommunikation würde vor allem auch bedeuten, dass wir lernen müssten, die Botschaften, die von den anderen Erscheinungsformen in der Natur gesendet werden, wieder zu verstehen. Solange wir diese aber als etwas Unlebendiges, Mechanisches betrachten, können wir nicht hinhören. Und so werden wir auch nichts erfahren.

Solange wir uns unbewusst über die Natur stellen, können wir nicht mit ihr in den Dialog treten. Dabei begrenzen wir unser eigenes Potenzial.

Matriarchale Vorstellungen leben im Grunde überall da weiter, wo Menschen die Natur verehren und auch die Sexualität als große natürliche positive Kraft verstehen. Darauf werden wir später noch ausführlich eingehen.

Die Menstruation als Ausdruck des Zyklus von Werden, Leben, Tod und Wiedergeburt war ebenfalls ein wichtiges Merkmal der matriarchalen Kultur. Die Frau erlebt in ihrem monatlichen Zyklus den Kreislauf des Lebens. Sie hat durch diesen Zyklus die unmittelbare und direkte Verbindung zur Erde sowie zu den Rhythmen des Kosmos. Der Zusammenhang mit dem Mondzyklus ist ganz offensichtlich. Die ersten Kalender orientierten sich an diesem Zusammenhang und waren Mondkalender, die das Jahr in dreizehn Mondmonate einteilten. Das Wissen von diesen Zusammenhängen ist ebenso wie das Wissen über den weiblichen Zyklus im europäischen Kulturraum vollständig ausgerottet worden.

Wir nähern uns jetzt der Phase des Umbruchs. Die europäischen matriarchalen Kulturen gingen unter. Was ist wohl geschehen?

Was wir über unsere Vorfahren denken

Es gibt viele Theorien, die den Untergang der matriachalen Gesellschaftsformen und die Entstehung des Patriarchats beschreiben. Nicht vergessen werden sollte dabei, dass der Übergang an verschiedenen Orten zu verschiedenen Zeiten geschah, mancherorts kam er eher einer Revolution gleich und ganze Kulturen wurden vernichtet, andernorts war der Übergangsprozess langsam und schleichend und zog sich über mehrere Jahrtausende. Es kann auch nicht ein einziger Faktor, wie die Klimaveränderung oder Eroberungsfeldzüge, dafür verantwortlich gemacht werden. Es handelte sich mit Sicherheit um einen sehr komplexen Vorgang, der auf ein ganzes Bündel von Ursachen zurückzuführen ist.

Fakt ist, dass sich das Patriarchat um zirka 2.500 v. Chr. zu entwickeln begann und sich dann sukzessive auf der ganzen Welt ausgebreitet hat.

Auch das ist eine Realität, die es anzuerkennen gilt. Selbst wenn wir ihren Sinn nicht verstehen, müssen wir zur Kenntnis nehmen, also anerkennen, dass sie so ist wie sie ist.

Wenn man die Menschheitsgeschichte in ihrer Gesamtheit betrachtet, macht das Patriarchat einen vergleichsweise kurzen Zeitraum aus, der aber als wesentlich betrachtet wird. Das lässt sich immer wieder daran erkennen, dass die Jagd regelmäßig als selbstverständlich wichtigste Betätigung unserer Vorfahren angesehen wird. In unserem gelernten Bild vom Frühmenschen steht der Mann als Jäger und Beschützer im Zentrum – was schlicht falsch ist. Die Urzelle der menschlichen Sippe sowie ihrer Kultur entstand aus der Mutter-Kind-Dyade. Selbst vor dem Ackerbau, als Jäger und Sammler in der Altsteinzeit unterwegs waren, war 80 Prozent der menschlichen Nahrung gesammelte Nahrung. Die Jagd hatte vergleichsweise einen viel geringeren Anteil an der Versorgung der damaligen Menschen.

Das Patriarchat macht einen wesentlichen, aber vergleichsweise kurzen Zeitraum der Menschheitsgeschichte aus. Die Bedeutung der Jagd als wichtigste Betätigung des Menschen wurde überbewertet. 80 Prozent der menschlichen Nahrung war gesammelte Nahrung.

Die ersten Werkzeuge der Menschen waren nicht Waffen, sondern universell einsetzbare Faustkeile sowie Behälter für gesammelte Nahrung. Das Sammeln von Nahrung war wahrscheinlich sogar der ursprüngliche Impuls für den aufrechten Gang, wodurch die Hände frei wurden. Daraus lässt sich schließen, dass die Frau als Sammlerin die menschliche Evolution wesentlich stärker beeinflusste, als der männliche Jäger.

Nach Nancy Tanner waren »Junge, deren Mütter intelligent genug waren, ausreichend Futter für sie zu finden, zu sammeln, vorzukauen und mit ihnen zu teilen, selektiv im Vorteil.«

Auch die Sprache ist, wie man heute weiß, aus der Interaktion zwischen Mutter und Kind entstanden -- und nicht bei der Jagd. Die Männer hingegen setzten ihre physische Stärke sicherlich zum Schutz der ganzen Sippe ein.

Frauen waren über einen sehr langen Zeitraum die Trägerinnen der Kultur und entwickelten sie weiter. Sie waren also auch die Erfinderinnen von Technologien wie Weben, Domestizieren von Haustieren, Töpfern usw. Das weibliche Prinzip des Nährens und Pflegens steht in keinem Widerspruch zu Erfindungen und Kulturleistungen wie Sprache, Handwerk, Schrift und Ackerbau.

So sind viele Interpretationen der längsten Periode der Menschheitsgeschichte schlicht falsch und führen uns in die Irre. Dadurch gehen uns wichtige Information darüber verloren, wer wir einmal waren. Dies wirkt sich bis in unsere heutigen, gut beheizten Schlafzimmer aus. Eine weit verbreitete kollektive Meinung ist nämlich, dass Frauen weniger dazu beitragen können, die Welt durch Erfindungen voranzubringen als Männer. Die gründliche Auseinandersetzung mit der Geschichte setzt uns über diese Meinung ins Unrecht. Die Matriarchatsforschung hat sich erst in den letzten Jahrzehnten breiter entwickelt. Sie traf anfangs auf massive Abwehr in wissenschaftlichen Kreisen und wird zum Teil noch immer ausgegrenzt.

Vom Kelch zum Schwert

In der Spätphase des Matriarchats gab es bereits Formen von Herrschaftskultur. Zumindest ist dies aus Gebieten der heutigen Westtürkei bekannt. Mit Herrschaftskultur ist eine Gesellschaftsform gemeint, in der Herrscherinnen, ähnlich wie uns aus dem Patriarchat bekannt, hierarchische Strukturen schufen, denen Mensch sich beugen musste. Mit dem Patriarchat setzten sich die trennenden, hierarchischen Denkkonzepte durch. Menschen wurden in unterschiedliche Kategorien eingeteilt, die nach Rang und Wesen nicht nur verschieden, sondern besser oder schlechter, mehr oder weniger wert waren. Bereits im alten Griechenland gab es die Unterteilung in Menschen, Frauen und Sklaven. Unterworfene Völker hatten durch ihre militärische Unterlegenheit automatisch einen niederen Rang, unabhängig von ihrem kulturellen Standard. Sie wurden zu Sklaven gemacht, die den Herrschenden dienen mussten. Ähnlich erging es im alten Griechenland den Frauen.

Mit der zunehmenden Ausbreitung des Patriarchats, beginnend vor zirka vier- bis fünftausend Jahren, wurden die Leben gebenden, erhaltenden, schöpferischen Kräfte des Universums, die im weiblichen Zyklus zum Ausdruck kommen, zunehmend als für Männer gefährlich betrachtet und deshalb immer mehr in Misskredit gebracht.

Die Verehrung des Weiblichen verkehrte sich nach und nach in einen Krieg gegen das Weibliche, dessen Ausläufer wir bis heute

zu spüren bekommen. In manchen Kulturen ist dieser Krieg gegen das Weibliche noch in vollem Gange.

Die eigentlichen Gründe dafür können wir nur ahnen. Neben vielen anderen durchaus einleuchtenden Theorien ist unsere These, dass die Entfaltung des männlichen Prinzips, wie wir sie in den letzten vier- bis fünftausend Jahren erlebt haben, wahrscheinlich nicht möglich gewesen wäre, ohne das Weibliche zu unterdrücken. Oder anders ausgedrückt: Das Weibliche erschien offensichtlich übermächtig und gab dem männlichen Prinzip nicht genug Möglichkeit, sich zu spüren und zu entfalten. Selbst wenn es keine direkte Unterdrückung des Männlichen oder der Männer gegeben hat, glaubten diese, das Weibliche unterordnen zu müssen.

Die sexuelle Aktivität der Frau, die nach Belieben Männer an sich zog, sich mit ihnen verband und sich dann aber auch wieder trennte, muss ab einem bestimmten Zeitpunkt eine gewisse Provokation hervorgerufen haben. Die Kinder aus diesen Verbindungen konnten keinem Vater zugeordnet werden und waren damit dem Zugriff des Männerbundes entzogen. Dieser benötigte für seine Eroberungsfeldzüge zunehmend gut durchorganisierte Armeen. Diese waren leichter zu organisieren, wenn Männer sesshaft wurden und ihnen jeweils eine Frau zugeordnet werden konnte. Dazu diente die Ehe. Jedenfalls geht das aus den Begründungen hervor, mit denen Hammurabi (1792-1750 v. Chr.) als Herrscher von Babylon die Einführung der Ehe rechtfertigt. Im Wesentlichen geht es in seinen Dekreten darum, die Frau davon abzuhalten, mehrere Liebhaber zu haben. Dies würde auch erklären, warum die Abwertung der Frau so unmittelbar an ihre Sexualität geknüpft ist.

Die Ausbreitung der Ehe zerstörte die Sippenstruktur und damit Macht und Einfluss der Frauen, da die einzelne Frau aus der Sippe herausgelöst zum Eigentum eines Mannes wurde. Seitdem wurde ihre Existenz von einem Mann abhängig. Die Söhne dieser ehelichen Verbindung konnten den jeweiligen Herrschern leichter verpflichtet werden. Die Männer hatten im Kriegerbund die Chance auf Ruhm und

Ehre, vielleicht mehr als sie es in den matriarchalen Gesellschaften gehabt hatten. Der Preis für diese Möglichkeit war, dass die meisten von ihnen, dafür dass wenige einzelne Männer Ruhm und Ehre erlangten, ebenfalls versklavt und oft sogar getötet wurden.

Die Entfaltung des männlichen Prinzips, wie wir es in den letzten 5.000 Jahren erlebt haben, wäre wahrscheinlich nicht möglich gewesen, ohne das Weibliche zu unterdrücken.

Wir beziehen hier einen Standpunkt, der sich unserer Erfahrung nach auch für die Betrachtungsweise des individuellen Lebens bewährt hat: Wir können nur vorwärts leben und rückwirkend verstehen. Zeitlich gesehen sind wir selbst noch zu nah dran am Patriarchat, um es in seiner ganzen Tiefe und Bedeutung zu verstehen. Dafür ist ein größerer Abstand erforderlich. Bei ehrlicher Auseinandersetzung mit der Vergangenheit zeigen sich individuell wie kollektiv immer neue Bedeutungsebenen. Wagen wir es, den Standpunkt einzunehmen, dass das Leben prinzipiell für und nicht gegen uns ist, dann können wir davon ausgehen, dass das Patriarchat für die Menschheitsentwicklung förderlich war, trotz aller beschriebenen Konsequenzen und ohne sich die Einzelheiten »schönzureden«.

Männer reagieren oft mit Empörung, wenn die im Wesentlichen von Männern geschaffene Kultur der letzten 5.000 Jahre heute von Frauen als kriegerisch und lebensfeindlich beschrieben wird. Da diese patriarchale Kultur andererseits aber schon so umfangreich besungen und geehrt wurde und wird, denken wir, dass es Zeit für eine ehrliche Auseinandersetzung mit ihren Schatten ist. Sehr lange wurden diese negativen Seiten komplett ignoriert. Die damit verbundenen Emotionen wollen ebenfalls wahrgenommen, zugelassen und ausgedrückt werden, damit sie nicht dauerhaft festgehalten werden und Neues geschaffen und erfahren werden kann. Wir sind uns dennoch der wunderbaren Kulturleistungen der letzten 5.000 Jahre bewusst. Wir müssen sie nicht abwerten, um uns mit ihren Schatten beschäftigen zu können.

Der Prozess vom Matriarchat zum Patriarchat ging natürlich

schrittweise vonstatten. Am Anfang war die ursprüngliche weibliche Macht noch erhalten, sie wurde aber zunehmend als destruktive böse Macht gesehen, die für den Menschen, insbesondere den Mann als gefährlich eingestuft wurde. Marie-Luise Schwarz-Schilling beschreibt diesen Prozess ausführlich in ihrem Buch *Die Ehe – Seitensprung der Geschichte*.

Die ganzheitliche Gestalt der Göttin, von Leben und Tod und Wiedergeburt, Dunkelheit und Licht wurde aufgespalten. Der Aspekt der dunklen Göttin, ihrer destruktiven Energien und des Todes wurde von ihren anderen Aspekten losgelöst, die generative Energien und Leben symbolisierten.

Die weibliche Gestalt von Tod und Zerstörung wurde nicht mehr durch die kompensierende Gestalt ausgeglichen, die für die Rückkehr in den universellen Schoß und die Wiedergeburt stand. Damit war der lunare Zyklus von Leben, Tod und Wiedergeburt zerbrochen. Das göttliche Prinzip des Weiblichen wurde zu einem dualistischen, in dem es auf der einen Seite die lichte Göttin des Lebens gab, und auf der anderen die schreckliche Unterweltgöttin, die die Endgültigkeit des Todes mit sich brachte.

Das Menstruationstabu

Mit dem Einzug des Patriarchats wurden die starken sexuellen und destruktiven Energien, die die Frauen innerhalb ihres menstruellen Zyklus erlebten, nach und nach in der Gestalt blutrünstiger Kriegsgöttinnen zusammengeführt. Der kreative Aspekt dieser Energien wurde zunehmend ignoriert, und der wilde, mörderische, sexuell fordernde Aspekt in Göttinnen wie Ischtar, Sachmet und Morrigan oder in der indischen Göttin Kali zum Ausdruck gebracht. Die willkommen heißende Mutter des Todes wurde nun als böse wahrgenommen, als eine weibliche Figur, die sinnlos Tod und Zerstörung bringt. Damit wurde ihre ursprüngliche Gestalt, in der schöpferische Sexualität und Tod miteinander verwoben waren, komplett entstellt. Die Gestalt der

Zerstörerin, die Veränderung und Wandel bringt, war aus der linearen Perspektive gesehen Angst erregend. Nur solange Leben und Tod als fortlaufender Zyklus begriffen werden, wird die Zerstörerin zur Wegbereiterin in eine neue Existenz.

Die vierte Phase des weiblichen Zyklus, die Menstruationsphase, beinhaltet den Aspekt des Todes und der Auflösung. Die Frau trägt diesen Aspekt des Loslassens, des Absterbens oder des Auflösens in sich. Das ist der Teil des Lebens, der den Tod beinhaltet. Wenn wir etwas aussortieren, verändern, stirbt auch immer etwas. Ohne dass es stirbt und wir es gehen lassen, kann nichts Neues entstehen. Das ist das Bild für Regenerationskraft, das sich auch im Symbol der Schlange ausdrückt. Die Schlange häutet sich, sie lässt das Alte hinter sich, streift es ab und geht erneuert daraus hervor. Deshalb ist die Schlange ein zutiefst weibliches Symbol, da sie für diese Regenerationsfähigkeit steht.

Bei den Ureinwohnern Nordamerikas, von denen viele in matriachalen Strukturen gelebt haben, bevor sie ebenfalls »erobert« und unterdrückt wurden, wird diese Phase des Zyklus entsprechend geehrt. Die Frauen ziehen sich in die Mondhütte zurück, um zu träumen. Damit sind nicht nur nächtliche Träume gemeint, sondern auch Tagträume. Die in dieser Zeit erhöhte Durchlässigkeit und Visionskraft der Frau wird zum Wohl des gesamten Volkes genutzt.

Die indigenen Männer schaffen sich ebenfalls Rituale, kulturelle Kontexte, um eine andere spirituelle Ebene zu erreichen, indem sie beispielsweise in die Schwitzhütte gehen. Das Weibliche, in diesem Fall die Frau, trägt diesen Aspekt von Tod und Auflösung, der für den kreativen Prozess notwendig ist, in sich, und der Mann respektiert sie dafür.

In der westlichen Welt sind Tod und Auflösung stark angstbesetzt. Doch ohne diese Aspekte kann kein kreativer Prozess stattfinden. In unserer Gesellschaft wird einerseits immerzu von Veränderungsprozessen geredet, vor allem in Bezug auf Wirtschaft und soziale Zusammenhänge. Ständig werden Umstrukturierungen vorgenommen, letztendlich aber ohne wirklichen Erfolg, denn der Widerstand dagegen ist riesig. Wir haben den auflösenden Aspekt, das Absterbenlassen, Loslassen, also den Sterbeprozess, tabuisiert.

Das drückt sich auch darin aus, dass wir unsere Menstruation tabuisieren, sie wegdrücken. Sie stört, ist unbequem und sollte eigentlich nicht sein. Wir können ihr nicht wirklich etwas Gutes abgewinnen.

Wir verstehen nicht, dass wir Veränderungsprozesse erschweren, wenn wir nicht lernen, dieses Element aufzuwerten und bewusst zu zelebrieren. Auflösung gehört einfach mit dazu. Anstatt sie anzunehmen und zu begrüßen, halten wir Auflösung für »schlecht«.

Unsere Kultur hat Jahrtausende lang die Angst vor dem Tod und vor der Sexualität kultiviert. Und so wurde aus der Menstruation, die einst als hochheilig und unverletzlich galt, etwas Unreines und Verschmutzendes. Die menstruierende Frau wurde immer mehr als wandelnde Quelle destruktiver Energien gesehen. Mit ihrer Weiblichkeit verband sich eine ungeheure magische Macht, die nur dadurch im Zaum gehalten werden konnte, dass man die menstruierende Frau vollständig vom Gemeinschaftsleben ausschloss. Man glaubte, dass sie in ihrer ungezügelten Magie alles kontaminierte, mit dem sie in Berührung kam. Man glaubte, sie sei vor allem für Männer, ihre Lebensweise, ihr Hab und Gut und ihr Vieh gefährlich. So wurden Frauen oft beim ersten Anzeichen der Blutung von der Gemeinschaft abgesondert. Diese Isolierung bot ihnen allerdings nicht wie in der Mondhütte die Möglichkeit, etwas Wichtiges zu vollbringen, etwas, das der gesamten Gemeinschaft diente, sondern sie wurden bewusst ausgegrenzt. Die Frauen lebten in dieser Zeit abseits vom Dorf, durften keine Gegenstände des Alltagslebens berühren, und wenn sie es doch taten, musste es zerstört oder gereinigt werden. Man befürchtete, kontaminierte Gegenstände könnten den Tod eines Mannes oder den Verlust seiner Jagdfähigkeiten bewirken.

Menstruationstabus sind keineswegs auf bestimmte Gesellschaften oder auf die Vergangenheit begrenzt.

In islamischen Gesellschaften darf eine menstruierende Frau noch heute keine Moschee betreten. Das strenggläubig-orthodoxe Judentum erklärt die menstruierende Frau während der Menstruation sowie sieben Tage danach als »nidda«, als »Abgesonderte«. In manchen christlichen Kulturen steht die Menstruation für die »Erbsünde« Evas. Frauen sind für ewig mit dieser Sünde beladen und müssen ständig dafür büßen.

Vor allem aber stellt das Menstruationstabu sicher, dass Frauen im religiösen Leben niemals eine aktive Rolle einnehmen und das Amt der Priesterin bekleiden können – was sie vor dem Patriarchat zirka 40.000 Jahre lang selbstverständlich getan haben.

Für Männer und Frauen ist es entscheidend zu verstehen, dass die Einstellung und damit die Erfahrung von Menstruation und Sexualität sehr stark von der Geschichte unserer Kultur und Gesellschaft geprägt wurde und wird.

So wurde die Menstruation, die mindestens 40.000 Jahre lang ein heiliges Mysterium war, innerhalb von zirka 5.000 Jahren zunächst zu einem gefährlichen magischen Geschehen, das irgendwie ausgegrenzt werden musste – in diesem Kontext wurde sie immerhin noch als mächtig erlebt, wenn auch als böse. Und schließlich rutschte sie gänzlich in die Bedeutungslosigkeit ab und wird heute als lästiges Übel betrachtet, mit dem Frauen sich nun mal herumschlagen müssen.

Der Körper ist ein Sündenpfuhl, die Erde ein Jammertal

So wie der Menstruation erging es letztendlich auch der Frau an sich. Interessanterweise wurde parallel dazu auch der Körper und die damit verbundene sinnliche Erfahrung abgewertet.

Mit der Verbreitung des Patriarchats wurde die Einstellung zum Körper immer negativer. Während er in der Jungsteinzeit noch als Tempel betrachtet wurde, und Sexualität als eine Möglichkeit, die Verbundenheit mit allem, was spirituell ist, zu erfahren, wurde der Körper im Laufe der Geschichte immer mehr abgewertet und für seine triebhaften Begierden verteufelt und gegeißelt: »Der Geist ist willig, doch das Fleisch ist schwach«. Und als der Körper schließlich in die Hände der Naturwissenschaft und der Medizin geriet, wurde er erst entzaubert und dann instrumentalisiert.

Parallel dazu verlief der Wandel in der Einstellung zur Erde

In matriarchalen Kulturen bleibt der Mensch trotz seiner Reflexionsfähigkeit immer ein Kind der Natur, ein Kind von Mutter Erde. Sie hat ihn hervorgebracht. Dementsprechend wird die Erde mit Respekt behandelt. Im Patriarchat stellt der Mensch sich über die Natur. Er bezieht seine Sonderstellung aus dem Geistigen. Dies gibt ihm die Rechtfertigung, alles Körperliche, Stoffliche abzuwerten. So wurde die Erde, wie schon die biblische Aufforderung »Macht euch die Erde untertan« besagt, systematisch immer stärker abgewertet und instrumentalisiert, was in ihrer vollkommenen Ausbeutung im 20. und 21. Jahrhundert gipfelt. Kommunikation mit der Erde ist so unvorstellbar wie die Kommunikation mit dem eigenen Körper. Die Erde ist ein dummes, fühlloses Ding geworden, allein durch den menschlichen Geist belebt.

Es gibt also einen unmittelbaren Zusammenhang zwischen der Abwertung der Erde, der Frau und dem Körper – und damit natürlich auch der Menstruation und der Sexualität.

Erst im Patriarchat kam es zur Trennung von Gott und Welt und zur Transzendenz des Göttlichen. Es entstanden die Gegensätze Gott und Mensch, Diesseits und Jenseits, es gab »Licht« und »Finsternis« mit den entsprechenden Wertungen. Die strengen Moralvorschriften spalteten die Menschen in Natur und Geist, Trieb und Moral, Sinnlichkeit und Sittlichkeit, wobei das »Schlechte« (ersteres) zugunsten des »Guten« (letzteres) verdrängt wurde.

Das Patriarchat beendete die freie Wahl von Sexualpartnern. Damit wurde die Evolution des Menschen entscheidend beeinflusst. Besonders den Frauen wurde ausdrücklich verboten, Verkehr mit den Männern des jeweils unterworfenen Volkes zu haben. Diese gewaltige Einschränkung konnte nur erreicht werden, indem Sexualität allmählich zu etwas Bösem, Unreinem, Verwerflichem umgedeutet wurde. Sexuelle Verbote hatten anfänglich keinen religiösen Hintergrund im engeren Sinn, sondern dienten der politischen Organisation des feudalen Staates, dessen Durchsetzung die Unterordnung von Frauen erforderte.

Ab 2.500 v. Chr. wurden neue Religionen entwickelt, die den Mann-Gott ins Zentrum stellten. Bei den Juden war es zunächst der Kriegsheld Jehova, der das jüdische Volk aus der Unterdrückung durch Ägypten in das gelobte Land führte. In den neuen Religionen entwickelte sich der jeweilige Gott zunehmend vom Kriegshelden zum Vatergott, im Christentum schließlich zum Gottvater.

Die Unterordnung der Frau erfuhr nun eine spirituelle und moralische Begründung. Die religiöse Abwertung des Weiblichen in seiner göttlichen Gestalt musste drastisch geschehen, weil die Große Göttin ein Weiterleben nach dem Tod verhieß, während in den neuen Glaubenssystemen der männlichen Götter der Tod ohne Wiederkehr war: niemand konnte den Schattenreichen des Hades (Ort der Toten bzw. »die Unterwelt« in der griechischen Mythologie) oder der Sheol (die hebräische Bezeichnung für Grab, Gruft oder das Totenreich) entkommen. Die weiblichen Kulte blieben beim Volk beliebt und stellten lange eine ernstzunehmende Konkurrenz dar.

Evas Sündenfall

In den Büchern Moses, die im 6. Jahrhundert v. Chr. schriftlich niedergelegt wurden, aber früher entstanden, wurde diese politisch notwendige Abwertung des Weiblichen in der genialen Geschichte vom Sündenfall zu einem Mythos verdichtet, der 2.600 Jahre lang wirksam blieb. Eva wurde durch die Schlange verführt, von den verbotenen Äpfeln am Baum der Erkenntnis zu essen, um selbst wiederum Adam dazu zu verführen.

Die Schlange ist der weiblichen Kraft zugeordnet, weil sie sich häutet und damit das Abwerfen des Alten und die Herstellung des Neuen symbolisiert. Schlangen wurden in den Tempeln der Göttin als heilige Tiere gehalten und ihre Verehrung zog sich durch viele Kulturen. Die Schlange steht für Unsterblichkeit und Regenerationskraft. Im Christentum wurde sie zum Symbol für die weibliche Macht der Verführung, also die weibliche Sexualität. Glauben wir der Bibel, stürzte die Frau die gesamte Menschheit ins Unglück und ist schuld an der Vertreibung aus dem Paradies. Für diese Ursünde müssen sie und alle kommenden Frauengenerationen durch Leiden büßen. Ihre Schuld ist so groß, dass sie mit nichts wieder gutzumachen ist. Mit dieser Schlussfolgerung war die Unterwerfung der Frau endgültig religiös gerechtfertigt.

Weil Eva schuldig war, sollte sie an der Stelle büßen, an der sie gesündigt hatte: in der Sexualität. Ihre Sexualität wurde diskriminiert, sie wurde als unrein und gefährlich verurteilt. Wo immer die Frau Aktivität entfaltete, konnte sie wegen ihres Geschlechtes zurückgedrängt und als Hure verleumdet werden.

Die Kriminalisierung der Sexualität

Die Kriminalisierung der Sexualität hatte mit dem Judentum schon ein gewisses Ausmaß erreicht. Im Christentum erfuhr sie mit Paulus und Augustinus noch eine Steigerung. Paulus von Tarsus (gestorben vermutlich 64 n. Chr.) war der einflussreichste Theologe des Urchristentums und neben Petrus der bedeutendste frühchristliche Missionar. Augustinus (354-430 n. Chr.) war ein bedeutender Kirchengelehrter, christlicher Theologe und Philosoph. Zu jener Zeit war das Problem des Weiterlebens nach dem Tode durch den Leib-

Seele-Dualismus gelöst worden: Der von der Frau geborene Leib war jetzt ein Gefängnis der Seele, aus dem sich diese im Tode befreite. Die Seele – und nur sie – enthielt den ganzen Menschen und damit wurde der weibliche Beitrag zum Leben viel unwichtiger. Gleichzeitig wurden nun der Tod und das Sterben verherrlicht. Vorausgesetzt man hielt sich an die Gebote Gottes, erwartete einen das Paradies. Tat man dies nicht, warteten das Schattenreich und ewige Verdammnis. Das Leben hatte also nur im Hinblick auf das Jenseits einen Sinn. Das Ziel der Existenz war im Grunde, dieser irgendwann zu entfliehen. Diese lebens- und leibfeindliche Haltung setzte sich auch in den asiatischen Religionen immer mehr durch. In Europa wurde die Sexualität jetzt mit Wollust gleichgesetzt, die von der Sehnsucht nach Gott ablenkt und den Menschen vom Göttlichen wegführt. Der Mensch war zur Askese durch Verneinung des Fleisches berufen. Neben dem zölibatären Dasein der Mönche war die Ehe die zweitbeste Lebensform, solange sie wie ein Werkzeug der Askese gehandhabt wurde. Der Körper musste einen gewissen Wert behalten, denn schließlich war Jesus im Leibe gestorben und auferstanden. Andererseits durfte der Leib niemals zum Genuss, sondern immer nur zum Leiden verwendet werden. Dies erklärt, warum das Leiden einen so hohen Wert hatte und uns auch heute noch so vertraut ist. Freude und Ekstase erscheinen dagegen anrüchig, gerade den mit Schuld beladenen Deutschen. Wie wohl hat die unerwartet freudige Ekstase der Fußballweltmeisterschaft 2006 getan. Sie zeigte, dass es uns außerordentlich gut bekommt, freudige ekstatische Erfahrung zuzulassen.

Um 400 n. Chr. äußerte sich Augustinus etwa folgendermaßen: »Ehelicher Geschlechtsverkehr zum Zwecke der Fortpflanzung ist Verwendung der an sich bösen fleischlichen Wollust zu einem guten Zweck.« Diese Gedanken wurden noch in einer Enzyklika (Papstschrift) von 1930 wiederholt und auf das Verbot der Empfängnisverhütung angewendet, das bis heute gilt. Es ist naiv zu glauben, diese Kerngebote hätten heute keinen Einfluss mehr auf uns.

Mit dem augustinischen Christentum erreichte die Diskriminierung der Frau und der Sexualität einen neuen Höhepunkt.

Von nun an wurde die Sexualität nicht mehr in erster Linie deshalb diffamiert, um die Frau zu zügeln, sondern die Verwerflichkeit der Sexualität hatte sich verselbständigt.

Sexuelle Betätigung widersprach der Askese und störte die Hingabe an Gott. Es wurde gepredigt, dass Gott selbst die Sexualität nur zur Zeugung von Kindern wolle. Dies ging weit über die Gebote der jüdischen Propheten hinaus.

Die Trennung des Heiligen vom Erotischen hatte ursprünglich den Zweck, die Frauen politisch zu unterwerfen, wurde aber schließlich zum Selbstzweck. Gänzlich geglückt ist diese Trennung dennoch nie. Zahlreiche dionysische Kulte von den Ufern des Mittelmeeres bis nach Indien bewahrten den alten Zusammenhang.

Die Verteufelung der Frau und der Sexualität fand in Europa in der frühen Neuzeit (15.-17. Jahrhundert) mit der Hexenverfolgung ihren traurigen Höhepunkt. Als »Hexen« verfolgt wurden besonders solche Frauen, die zum Beispiel als Hebammen über Empfängnisverhütung Bescheid wussten. Damit waren sie sowohl für die weltliche Herrschaft als auch die Kirche gefährlich, denen an Bevölkerungsvermehrung gelegen war.

Insgesamt wurden damals in Mitteleuropa sehr viele Frauen hingerichtet, verbrannt oder starben unter der Folter. Es ist einleuchtend, dass eine solch gründliche Vernichtungskampagne das überwiegend mündlich weitergegebene Wissen über den Körper, den weiblichen Zyklus und über die Sexualität sowie Methoden der Empfängnisverhütung endgültig verschwinden ließ. Die Frauen, die nicht getötet wurden, lernten zu schweigen. So kommt es, dass die Kette zerbrach und dieses Wissen in Europa besonders gründlich ausgerottet wurde. Die Verfolgung von »weisen Frauen« geht indes weiter: in Tansania werden beispielsweise heute noch jedes Jahr hunderte von Frauen wegen Hexerei angeklagt, getötet oder verstümmelt.

Die Verteufelung der Sexualität und die Abwertung der Frau hängen unmittelbar zusammen. Eine andere grausame Praktik, die diesen Zusammenhang sehr offensichtlich macht, ist die Tradition der weiblichen Genitalverstümmelung, die bis heute hauptsächlich auf dem afrikanischen Kontinent, auf der arabischen Halbinsel, aber auch in Europa und den USA fortgeführt wird. Das Herausschneiden der Klitoris sowie Teilen der Schamlippen zeigt dabei deutlich, wo die Weiblichkeit unterworfen wird: in ihrer Sexualität und damit in ihrer Lebendigkeit. Heute, im Jahr 2006 erfahren täglich noch immer zirka 6.000 Mädchen diese Art der Verstümmelung. Doch auch hier kündigt sich Veränderung an: Der aktuelle Film »Mooladé« zeigt eindrucksvoll, dass sich auch immer mehr Männer mit diesem Thema auseinander setzen.

Die Verteufelung der Sexualität und damit die Abwertung der Frau hängen unmittelbar zusammen. Das hat schlimme Folgen für Männer und Frauen. Frauen haben über Jahrtausende hinweg gelernt, sich ihrer Sexualität zu schämen, sie zu unterdrücken und sich für minderwertig und unrein zu halten.

Männer haben nie aufgehört, Frauen zu begehren, aber mit deren Abwertung begehrten sie jahrtausendelang gleichzeitig etwas Minderwertiges, Unreines, eigentlich Verwerfliches. Auch sie mussten sich also im Zusammenhang mit ihrem Begehren und auch im Zusammenhang mit ihrer Sehnsucht nach Verschmelzung mit dem Weiblichen schuldig fühlen. Diese Sehnsucht nach Verschmelzung wurde vom Weiblichen weggelenkt und auf Gott projiziert. Auch Frauen begannen sich nach der Verschmelzung mit Gott zu sehnen. Gleichzeitig bedeutete jede Regung des Körpers etwas Verwerfliches, das von der Erfüllung der Sehnsucht entfernte und nur durch Buße wieder wettgemacht werden konnte. Der Schuldkreislauf war komplett und führte zu einem endlosen Zyklus von Strafe, Gewalt und Unterdrückung in physischer und psychischer Form.

Die Folgen für Männer und Frauen

Die Folgen dieser geschichtlichen Entwicklung sind zahlreich und vielfältig. Im Folgenden untersuchen wir nur einige wenige:

Folgen für Männer

Eine Folge dieser Einstellungen, die weiter im Unbewussten wirken, ist der Umgang des Mannes mit dieser Schuld. Er machte sich schuldig, weil er etwas Minderwertiges begehrte. Die Sehnsucht nach Verschmelzung mit dem Weiblichen, die mindestens Ebenbürtigkeit voraussetzt, wandelte sich zum rein körperlichen Begehren, welches ein Mann jederzeit befriedigen kann, auch mit Gewalt. Der Mann versuchte den schier unlösbaren Konflikt dadurch zu lösen, dass er das Weibliche noch weiter abwertete und sein Begehren nach dem minderwertigen Weiblichen in eine Art Sport unter Männern umdeutete. Auf diese Weise hatte er die Kontrolle und gleichzeitig eine Legitimation dafür, die Frau als Eigentum zu betrachten, welches dem Mann und seinem sexuellen Begehren zu dienen hat.

Mit dieser Folge haben wir es in Europa und anderswo heute immer noch zu tun. Europäische Männer fühlen sich nicht mehr schuldig vor Gott, wenn sie ins Bordell gehen oder sexuelles Vergnügen suchen. Sie verbünden sich mit anderen Männern und brüsten sich damit, Frauen »flach legen« zu können. Dabei haftet der Sexualität nach wie vor etwas Schmutziges an. Selbst wenn sie als solche nicht mehr verteufelt wird, hat sich das Schmutzige an ihr verselbständigt. Manchmal entsteht sogar der Eindruck, dass Sexualität gar nicht ohne dieses Element des Schmutzigen erlebt werden kann. Sie soll möglichst verrucht und »dirty« sein, dann ist sie umso geiler. Eine weitere Variante ist die Betrachtung der Sexualität als »dunkle«, »geheimnisvolle« und »gefährliche« Lust. Das Dumme daran ist, dass das Gehirn wirkliche Ekstase gar nicht zulassen kann, solange die Koppelung an Schmutz und Schlechtigkeit besteht.

Viele Männer können ihre Sehnsucht nach Verschmelzung, die unter dem rein sexuellen Begehren lodert, gar nicht mehr fühlen und sich deshalb nicht mit ihr auseinander setzen. Solange unbewusst Sexualität daran gekoppelt ist, schmutzig und böse zu sein, kann das Gehirn wirkliche Ekstase nicht zulassen.

Frauen flachzulegen ist eines von vielen männlichen Spielen, in dem die Frauen immerhin noch vorkommen. Es gibt ganz andere Spiele wie Wirtschaft, Politik und Fußball, die viele Männer eigentlich alleine weiterspielen wollen. Frauen sind hier als Service leistende Untergebene oder als Dekoration willkommen. In unserem Kulturraum hat sich in dieser Hinsicht inzwischen vieles verändert. Viele, gerade jüngere Männer sind heilfroh, nicht mehr nur mit Männern »spielen« zu müssen. Viele Männer-Spiele sind rau, das gehört zum Männlichen dazu. Deshalb unterscheiden sich gemeinsame Spiele von Männern und Frauen sehr von rein männlichen Spielen. Das ließ sich zuletzt an der starken Beteiligung von Frauen an der kollektiven Fußball-Ekstase im Zuge der Weltmeisterschaft beobachten. Obwohl beim Fußball nur Männer spielen und auch nur Männer die Spiele kommentieren, wird zumindest gemeinsam gefeiert. Genau das hat eine andere Energie.

Aber vergessen wir nicht, wie es noch vor wenigen Jahrzehnten aussah. Man braucht auch heute nicht weit zu reisen, um diese Strukturen noch in ihrer vollen Ausprägung zu finden. Es ist geradezu naiv zu glauben, diese lange antrainierten Verhaltensweisen und Überzeugungen seien bei beiden Geschlechtern von heute auf morgen verschwunden.

Eine weitere Folge der Verteufelung der Sexualität ist ihre Abtrennung von der Liebe und die Zerstückelung des Weiblichen.

Für Männer im Patriarchat wurde es notwendig, das Weibliche in verschiedene Teile aufzuspalten. Einerseits gab es das Gute, Unschuldige, Asexuelle, das in Form der jungfräulichen Tochter, der Mutter oder der Ehefrau einen gewissen Wert behalten konnte und die

Liebe des Mannes verdiente. Sobald das Mädchen aber seine »Unschuld« verlor, war es nichts mehr wert und konnte schnell zur Hure degradiert werden. Man konnte es nicht mehr standesgemäß verheiraten und es brachte Schande über die Familie. Auf der anderen Seite gab es die Hure oder Geliebte, die die sexuellen Bedürfnisse befriedigte, aber wenig Zuwendung oder Status verdiente, da sie sich ja niederen Tätigkeiten hingab. So lernte der Mann im Patriarchat den Sex von der Liebe abzutrennen und sich damit selbst ebenfalls eine ganzheitliche ekstatische Erfahrung zu versagen. Er lernte außerdem, die Befriedigung seiner Bedürfnisse auf unterschiedliche Frauen zu verteilen, meistens nach dem Schema Heilige/Hure beziehungsweise Ehefrau/Geliebte.

Was das Fremdgehen anging, so war es selbstverständlich nicht der verheiratete Mann, der dies tat, weil er Lust dazu hatte, sondern weil die böse andere Frau ihn dazu verführte. Die Ehefrauen und Mütter verteufelten die sexuell aktiven anderen Frauen dann ebenso. Auch das kann man heute noch beobachten. Damit beruhigten die Männer ihr Gewissen. Gleichzeitig bestätigten sie ihre unbewusste Überzeugung, dass das Weibliche in der sexuellen Verführung schlecht und böse ist.

Heute bekennt sich der Mann zwar zu seinem Fremdgehen, ist aber oft genauso unfähig, seine ganze Liebe einer einzigen Frau zu schenken. Das Verteilen verschiedener Formen der Zuwendung auf verschiedene Frauen ist für viele Männer immer noch ein verbreitetes Muster. Es ist bekannt, vertraut und auch sicher. Die Eifersuchtsdramen, die Frauen sich dann gegenseitig liefern, bestätigen zusätzlich, dass Frauen sich feindlich gegenüberstehen. Dieser Zusammenhang macht es den Männern schwer, das Objekt ihrer Begierde nicht nur zu begehren, sondern gleichzeitig zu lieben. Andersherum leiden Frauen darunter, sich wie ein Sexualobjekt zu fühlen und nicht in ihrer Ganzheit geliebt zu werden. Während die Lebenspartnerin auch begehrt werden möchte, sehnt sich die Geliebte danach, ein Familienwochenende zu verbringen.

Der Mann trennt oft immer noch in Geliebte und Lebenspartnerin. Frauen betrachten sich, wenn sie denselben Mann wollen, eher als Feindinnen. Frauen leiden darunter, nicht in ihrer Ganzheit geliebt zu werden.

Beim Aufdecken solch unbewusster Haltungen und Überzeugungen geht es genau wie im individuellen Fall nicht darum, diese zu bewerten, sondern sie erst einmal ganz nüchtern zu betrachten. Weder ist das Individuum (egal ob männlich oder weiblich) »schuld« an diesem kulturgeschichtlichen Geschehen, noch ist es in seinem individuellen Verhalten gänzlich frei davon. Dazu muss das Individuum sich bewusst neu entscheiden. Viele Frauen und Männer haben das in der Vergangenheit, aber auch heute getan und erlebten und erleben eine völlig andere Qualität in ihren Beziehungen. Viele Männer und Frauen befanden und befinden sich irgendwo dazwischen.

Erkennen und verstehen wir unsere unbewussten kollektiven Überzeugungen, können wir uns bewusst für etwas anderes entscheiden und eine andere Qualität in unseren Beziehungen ermöglichen.

Folgen für Frauen

Die konstante Abwertung des Weiblichen führte bei Frauen zu unterschiedlichen Strategien und Reaktionen. Natürlich gab und gibt es viele Varianten und Zusammensetzungen. Oft sind widersprüchliche Überzeugungen gleichzeitig vorhanden, doch in der Regel ist uns das nicht bewusst.

Oft identifizieren sich Frauen mit den patriarchalen Strukturen und versuchen ihren Platz innerhalb des Systems zu finden.

Viele negative Überzeugungen haben Frauen selbst verinnerlicht. Unbewusst sehen sie für sich in der Rolle der Hüterin des Patriarchats die einzige Chance auf Einfluss in der Gesellschaft und auf öffentliche Anerkennung.

Deshalb setzen sie sich mit Engagement für die Erhaltung dieser Strukturen ein. Ein Beispiel sind Mütter, die ihre Söhne zu Chauvinisten erziehen. Dieselben Mütter stehen mit ihren Töchtern im Konflikt, wenn die Töchter das patriarchale Lebenskonzept nicht als das ihre annehmen und ein selbstbestimmtes Leben führen wollen. Doch wir kommen nicht weiter, wenn wir Frauen, die das Patriarchat stützen, die alleinige Schuld dafür zuweisen. In diesem konkreten Fall müssen wir einfach anerkennen, dass Frauen sich öfter so verhalten. Offensichtlich sind sie davon überzeugt, das Richtige zu tun. Genau wie all die Generationen von Männern, die das Weibliche abgewertet haben. Auch sie waren ganz offensichtlich davon überzeugt, dass Richtige zu tun. Es gibt viele schriftliche Abhandlungen von Männern über die Minderwertigkeit des Weiblichen und der Frauen. Von der Reaktion der Frauen darauf ist nichts überliefert, vermutlich konnten sie diese Abhandlungen nicht einmal lesen, da ihnen der Zugang zu Bildung versagt blieb.

Eine andere Strategie als Reaktion auf die Abwertung des Weiblichen und der Frau besteht darin, die Männer abzuwerten und sich selbst für moralisch höherwertig und intelligenter zu halten. Die Männer haben zwar das Sagen, aber eigentlich sind sie minderwertig, grob und letztlich manipulierbar. Manchmal sind sie auch einfach Trottel. Außerdem sind sie unfähig, den wirklich wichtigen Dingen im Leben Aufmerksamkeit zu schenken und es lohnt sich nicht, sich auf sie einzulassen. Viele Frauen denken so und merken gar nicht, wie selbstverständlich sie schlecht über Männer denken. Oft haben sie, was Partnerschaft angeht, resigniert, hoffen aber auf das persönliche Glück. Solange sich Frauen dieser Entwertung und Resignation jedoch nicht bewusst sind, ist eine andere Erfahrung mit Männern nicht möglich.

Eine andere mögliche Reaktion auf die Abwertung des Weiblichen ist, dass Frauen Männer schlicht für Schweine halten und sie letztlich hassen. In dieser Reaktion kommt die ganze Wut auf das Patriarchat und auf den Männerbund zum Ausdruck. Frauen, die so reagieren, sind stark im Kontakt mit der Verletztheit des weiblichen Prinzips. Die frühe Frauenbewegung der 1970er-Jahre bewegte sich oft in diesem Muster. Es war auch eine Reaktion auf den Schock, den Frauen erlebten, als sie sich dessen bewusst wurden, dass wir in einem Patriarchat leben.

Viele Frauen denken in einer abgewandelten oder abgeschwächten Form schlecht über Männer. Diese Denk- und Fühlmuster sorgen natürlich auch dafür, dass Männer in Partnerschaften nicht bekommen, wonach sie sich sehnen.

Eine weitere Strategie, die wir beobachten können und die, obwohl dies widersprüchlich erscheint, sogar häufig mit den oben erwähnten Mustern in Kombination auftritt, ist folgende:

Heute haben wir eine Situation, in der vor allem Frauen männliches Verhalten als das Erfolg versprechende Verhalten einstufen und dementsprechend ihre männliche Seite kultivieren.

Viele Männer bedauern, dass auf einmal Frauen als Konkurrenz im Arbeitsleben auftauchen und sich ausgesprochen unweiblich verhalten. Auch in privaten Beziehungen weigern sich Frauen zunehmend, das traditionelle Rollenverhalten zu leben. Viele Männer verunsichert das und es macht sie auch einfach traurig. Aus ihrer Sicht ist es nicht das dienende Rollenverhalten, welches sie vermissen, sondern ihnen fehlt die Fürsorge, die Zuwendung, genährt und gepflegt zu werden, letztlich das Gefühl, bewundert und gebraucht zu werden, das über einen so langen Zeitraum ihr Selbstverständnis ausmachte. Aus der Sicht der Frauen ist es andererseits nur vernünftig, sich nicht mehr auf eine verstümmelte Weiblichkeit und auf die Rolle der Untergebenen reduzieren zu lassen. Für eine machtvolle, erfolgreiche Weiblichkeit fehlen Archetypen und auch Vorbilder.

In den wenigen weiblichen Archetypen, die wir beispielsweise aus Märchen kennen, wird das Weibliche reduziert auf die Prinzessin (hilflos, kindlich, schutzbedürftig), die gute Mutter/Heilige/Fee (von

ihrer Sexualität abgekoppelt) und die böse Stiefmutter/Hexe/Hure (machtvoll, aber böse).

Archetypen sind im Unterschied zum persönlichen Unbewussten Teil des kollektiven Unbewussten und damit für jede/n zugänglich. Träume, Symbole, Märchen, Mythen und Rituale sind die Kanäle, über die sie zu uns gelangen.

Frau hat längst begriffen: Wenn ich erfolgreich sein will, besonders in der Arbeitswelt, die über einen sehr langen Zeitraum rein männlich dominiert war, muss ich mich an männlichen Werten und Verhaltensweisen orientieren. Also erleben wir eine weitere Verstärkung des Männlichen, nun auch bei den Frauen, die unbewusst Weiblichkeit und weibliches Verhalten selbst abwerten. Dadurch wird das Ungleichgewicht weiter in Richtung Konkurrenz und Kampf verschoben. Die Folge sind Intrigen, Mobbing, wechselseitige Demotivation und deren jeweilige Abwehr. Um dem entgegenzuwirken, ist es gerade auch in Unternehmen wichtig, das weibliche Prinzip zu stärken, zum Beispiel durch konstruktive Konfliktlösung und andere soziale Kompetenzen. Auf Dauer wird es sich kein Unternehmen mehr leisten können, das weibliche Prinzip zu vernachlässigen.

Keine dieser Überzeugungen und Verhaltensmuster ist dem Geschlechterverhältnis besonders dienlich. Im Gegenteil, sie sorgen für weiteres Unglück und Leiden und machen Erfüllung für Frauen und Männer unmöglich.

Solange das Weibliche kollektiv entwertet wird, werden sich Frauen bei den Männern rächen. So verlieren beide und leiden. Dauerhafte Erfüllung bleibt die Ausnahme.

Diesen Zustand werden wir so lange haben, bis wir insgesamt als Gesellschaft das Weibliche wieder anders schätzen und aufwerten lernen, ohne deshalb das Männliche abzuwerten. Deswegen ist das Wissen um die ganze Geschichte so lehrreich. Es ist für Frauen und

Männer wichtig zu wissen, dass Frauen nicht immer abhängig, unterdrückt und minderwertig waren, sondern dass Weiblichkeit über einen viel längeren Zeitraum in der Kulturgeschichte des Menschen eine zentrale Rolle spielte und große Verehrung erfuhr. Die Verehrung des Weiblichen, die über viele Jahrtausende hinweg gang und gäbe war, sollte der Verehrung des Männlichen ebenbürtig gegenüber stehen. Um dahin zu kommen, müssen wir uns zunächst bewusst machen, was das Weibliche eigentlich genau ausmacht. Darauf gehen wir im nächsten Teil ein.

Zusammenfassung kollektiver Überzeugungen

Im Folgenden haben wir eine Übersicht verbreiteter kollektiver Überzeugungen zusammengetragen, ohne Anspruch auf Vollständigkeit zu erheben. Ihre Wurzel haben diese Überzeugungen in unserer historischen Vergangenheit. Jedes Individuum hat dabei seine ganz eigene persönliche Mischung an förderlichen und unförderlichen Überzeugungen, die bewusst oder unbewusst vorhanden sind. Oft sind wir unbewusst stärker mit den unförderlichen Überzeugungen verbunden, da sie in den letzten 3.000 Jahren bestimmend waren. Dabei sind viele förderliche Überzeugungen in den Nebel geraten oder gingen ganz verloren. Das erklärt auch eine Vielzahl der Widersprüche, die wir in unseren Beziehungen erleben. Natürlich liegt darin auch ein großes Konfliktpotenzial in Partnerschaften. Auch hier besteht die Lösung wieder darin, sich diese Überzeugungen bewusst zu machen, ohne sich oder andere dafür zu entwerten. Dies ist ein Selbstentdeckungsprozess, der ehrliche Auseinandersetzung mit den dabei auftauchenden Gefühlen erfordert. Es geht darum, diese Gefühle zu durchleben und in angemessener Form aus unserem Körper zu entlassen. Danach können wir uns bewusst für eine förderliche Überzeugung entscheiden und sie etablieren.

Wir können damit beginnen, indem wir in der Bereitschaft leben, neue förderliche Erfahrungen zu machen, uns also überhaupt dafür öffnen. Die neue förderliche Haltung muss geübt werden, indem wir uns ungewohnt verhalten. Dies zu lernen, ist im sicheren Rahmen eines Seminars leichter möglich als allein. Denn gerade am Anfang ist es schwierig, anders zu agieren als gewohnt. Wir warten auf das richtige Gefühl, um uns anders verhalten zu können. Gefühle sind aber auch Gewohnheiten, die oft zu unseren alten Überzeugungen passen. Demzufolge ist es illusorisch, erst auf ein neues Gefühl zu warten, um sich anders verhalten zu können.

Wenn wir uns bewusst anders verhalten, folgen auch neue Gefühle. Dadurch entsteht eine neue Erfahrung. Durch die Wiederholung solcher Erfahrungen wird die neue förderliche Haltung etabliert und im Laufe der Zeit selbstverständlich.

Unförderliche kollektive Überzeugungen

- Die menschliche Zivilisation und alle großen Errungenschaften wurden von Männern geschaffen.
- Das Weibliche ist weder innovativ noch technisch begabt.
- Der Frühmensch war hauptsächlich Jäger.
- Seit Anbeginn der Zeit gibt es einen männlichen Schöpfergott.
- Schöpfung ist vorrangig männlich.
- Religion und Spiritualität sind eine Domäne der Männer.
- Ohne Hierarchie ist keine Ordnung möglich.
- Frauen waren in der Geschichte immer von Männern abhängig.
- Männer sind grundsätzlich stärker als Frauen.
- Tod bedeutet Vernichtung der Existenz.
- Religion bedeutet Glauben.
- Mit der Natur kann man nicht kommunizieren, weil sie etwas von uns Getrenntes, Minderwertiges ist.
- Es gab und gibt keine andere Gesellschaftsform als das Patriarchat.
- Frauen sind unberechenbar und gefährlich und müssen deshalb kontrolliert werden.
- Die Welt teilt sich in Gut und Böse, es gibt Licht und Finsternis.
- Sexualität ist böse, verrucht und ein niederes Begehren.
- Die Menstruation ist der Beweis für die Unreinheit der Frau.
- Der Körper ist ein Sündenpfuhl, die Erde ein Jammertal.
- Der Körper ist ein Gefängnis der Seele.
- Liebe und Sexualität sind nur getrennt voneinander erfahrbar.
- Frauen sind Huren oder Heilige.
- Männer sind Machos oder Trottel.
- Das Weibliche ist minderwertig.
- Das Männliche ist von Natur aus überlegen.
- Frauen müssen Männer befriedigen.
- Frauen sind moralisch überlegen.

· Frauen sind die besseren Menschen.
· Männer müssen manipuliert werden.
· Erfüllte Partnerschaft ist auf Dauer nicht möglich.
· Partnerschaft bedeutet Stagnation.
· Frauen verlieren mit Männern.
· Männer verlieren mit Frauen, aber anders.
· Männliche Werte und Verhaltensweisen versprechen mehr Erfolg.

Förderliche kollektive Überzeugungen

· Verschmelzung mit dem anderen Geschlecht ermöglicht Erfüllung.
· Liebe geht durch den Magen.
· Es gibt immer eine Lösung, die durch Kommunikation auch zu entdecken ist.
· Die weibliche Brust ist ein Symbol für Fülle.
· Der Mensch hat ein natürliches Bedürfnis nach Rhythmus und Abwechslung.
· Tod und Auflösung sind Bestandteile des Lebens.
· Die zentralen Kräfte des Lebens liegen im Geben und Schenken.
· Tag und Nacht, Sommer und Winter, Kommen und Gehen, Leben und Tod sind notwendig und bedingen einander.
· Jede Handlung ist gleichzeitig auch eine spirituelle Handlung.
· Religion bedeutet persönliche Erfahrung.
· Die gesamte Natur, der Kosmos und die Erde sind die göttliche Kraft.
· Frauen waren und sind machtvolle Schöpferinnen.
· Männer waren und sind machtvolle Schöpfer.
· Das Matriarchat diente der Entfaltung des weiblichen Prinzips.
· Das Patriarchat diente der Entfaltung des männlichen Prinzips.
· Sind das männliche und das weibliche Prinzip ausbalanciert, profitieren alle.

· Die Menstruation ist eine Möglichkeit der Regeneration und Erneuerung.
· Orientierung am weiblichen Prinzip schafft Fülle.

In dem Moment, in dem wir überwiegend förderliche Überzeugungen wählen, erschaffen wir sofort ein neues Spielfeld für eine erfüllte Partnerschaft.

Innerhalb dieses Spielfeldes kann sich auch ein konstruktiver Umgang mit Konflikten entfalten. Probieren sie Folgendes:
Wenn Sie einen Konflikt mit Ihrem Partner/Ihrer Partnerin haben, entfernen Sie sich zuerst räumlich von ihm/ihr, indem Sie zum Beispiel das Zimmer verlassen. Warten Sie, bis Ihr Ärger verflogen ist. Dann setzen Sie sich wieder zueinander, schauen Sie sich einen Moment in die Augen oder halten Sie sich an den Händen. Bitten Sie ihn/sie, einen Moment zuzuhören und berichten Sie ihr/ihm, was Sie persönlich bewegt. Bleiben Sie nur bei Ihren Gefühlen und Ihren Gedanken: »Wenn du so zu mir bist, denke ich, dass ich, ... fühle ich mich ...«
Dann bitten Sie Ihre/n Partner/in, von seinen/ihren Gefühlen und Gedanken zu sprechen und hören Sie ihm/ihr zu. Es geht darum, zu verstehen und zu respektieren, wie es für den anderen ist. Das bedeutet nicht, dass Sie seine/ihre Sichtweise teilen müssen. Bedanken Sie sich anschließend bei Ihrem Partner/Ihrer Partnerin für sein/ihr Zuhören und aufrichtiges Mitteilen. Öffnen Sie sich innerlich für eine Lösung des Konfliktes, die beiden dient und sprechen Sie das ebenfalls aus. Sobald Sie eigenes »Rechthabenwollen« und »Entwerten des anderen« hinter sich lassen, wird sich eine Lösung für Ihren Konflikt zeigen. Außerdem fühlen Sie sich Ihrem Partner/Ihrer Partnerin näher und stark verbunden. Wenn alles ausgesprochen und die Kommunikation zwischen Ihnen beiden wieder vollständig ist, haben Sie das Bedürfnis, ihm/ihr zu sagen: »Ich liebe dich.«

Zeittafel

40.000 v. Chr.	20.000 v. Chr
zirka 40.000 vor Chr.	bis zirka 10.000 vor Chr.
Sammler- und Jäger-Kulturen, Verehrung des weiblichen	

Grobe Einteilung der Epochen nach Gesellschaftsform

Zirka 40000 vor Chr. – zirka 10000 vor Chr.

- Höhlenheiligtümer, Höhlenmalereien und Göttinnenstatuetten
- Sammlerinnen und Jäger, Menschen sind nicht dauerhaft sesshaft
- Ehrfurcht vor den Mysterien des Lebens und des Todes
- Zyklisches Weltbild, Verehrung der weiblichen, lebensschaffenden und -erhaltenden Kraft sowie des männlichen, Leben stimulierenden Elements

Zirka 10000 vor Chr. – zirka 3500 vor Chr.

- Matriarchate, Dörfer, Städte, Tempel
- Sesshaftigkeit, Ackerbaukulturen, Organisation in matrilinearen Sippen, Konsensgesellschaften
- Zyklisches Weltbild, Verehrung der Menstruation und der Sexualität, Wiedergeburtsvorstellung
- Große Göttin und Priesterinnen, Sexualität als spirituelle Erfahrung der Verbundenheit mit allem, was ist
- Mensch ist Teil der göttlichen Kraft, die sich in allem, was ist, manifestiert
- Relative Balance des männlichen und weiblichen Prinzips

10.000 v. Chr.	5.000 v. Chr.	0	1950 n. Chr.
zirka 10.000 bis zirka 3.500 vor Chr. hochentwickelte Matriachate	3.500 bis 500 v. Chr. Entstehung des Patriarchat	500 v. Chr. bis 1950 n. Chr. hochentwickeltes Patriarchat	

3500 vor Chr. – 500 vor Chr.

· Matriarchate mit Herrschaftsstrukturen, Entstehung des Patriarchats

· Zeit des Übergangs vom Matriarchat zum Patriarchat; in den verschiedenen Gebieten und Regionen der Erde verlief dieser Übergang zu verschiedenen Zeiten

· Aufspaltung des zyklischen Weltbildes, Entstehung männlicher Herrscher und Götter

· Zerschlagung der Sippengesellschaften, Staatenbildung, Einführung patrilinearer Abstammung, Einführung der Ehe, Stammesherrschaft

· Entstehung männlicher Götter, Entstehung der heutigen Hochreligionen. Das weibliche Prinzip wird als zunehmend destruktiv und zerstörerisch gesehen

· Kriegsgöttinnen, Einschränkungen in der freien Partnerwahl

· In manchen Weltgegenden, z.B. im hohen Norden Europas und in Nord- und Südamerika blieben die Gesellschaften noch länger matriarchal

500 vor Chr. – 1950 n. Chr.

· Voll ausgebildetes Patriarchat, Herrschaftskultur, lineares Weltbild

· Gut und böse, Diesseits und Jenseits, männlicher Schöpfergott, Trennung von Gott und Welt, Verteufelung des Körpers, Abwertung der Natur und der Erde zugunsten des Geistes und des Himmels, keine freie Partnerwahl im Sexualverkehr, Menstruationstabu

· Sexualität als das Böse, Unreine, Verwerfliche; Aufteilung der Frau in Heilige und Hure

Teil III

Die Wiederentdeckung des Körpers und der Sexualität

Wie wir gesehen haben, ist die Geschichte der letzten dreitausend bis fünftausend Jahre auch die Geschichte der Abwertung des Weiblichen. Wir kommen nicht daran vorbei festzustellen, dass das Weibliche dadurch Schaden genommen hat: es ist verletzt. Die Abwertung des Weiblichen betrifft uns alle, Männer und Frauen, Kinder, Tiere und Pflanzen, denn sie wirkt sich durch unser Handeln unmittelbar aus. Sie betrifft die Erde in ihrer Gesamtheit genauso wie unsere Vorstellungen und Überzeugungen von gesellschaftlichem Zusammenleben. Sie hat unseren Umgang mit uns selbst ebenso stark beeinflusst wie unseren Umgang miteinander. Vor allem hat die Abwertung des Weiblichen den Umgang mit der Sexualität so stark verändert, dass wir immer noch sehr an den Folgen leiden. Wir alle, Männer ebenso wie Frauen.

Was heißt es, wenn wir sagen: »Das weibliche Prinzip hat Schaden genommen«? Es bedeutet, dass die Assoziationen, die wir im Kopf haben, wenn wir an Weiblichkeit denken, unvollständig sind. Fragt man einen jungen Menschen: »Was würdest du als weiblich einstufen?«, dann kommen zur Antwort Attribute wie warm, weich, gebend, üppig, sexy. Fragt man nach männlichen Eigenschaften, werden Begriffe wie stabil, sicher, stark, vorwärtsstrebend oder Leistung genannt. Weibliches ist zwar irgendwie schön, aber es wird auch damit assoziiert, schwach zu sein, es verspricht lange nicht so viel Erfolg und Unabhängigkeit wie das männliche Prinzip. In unserem heutigen

Alltagsbewusstsein ist das männliche Prinzip immer noch vorherrschend und wird auch als das Erfolg versprechende Prinzip angesehen. In diesem Sinne kann man sagen, dass wir heute immer noch das männliche Prinzip verehren.

Das Studium der Vor- und Frühgeschichte zeigt, dass das Weibliche tatsächlich die längste Zeit Verehrung erfuhr. Verehrung war hier nicht unmittelbar mit Über- oder Unterordnung gleichzusetzen. Sie drückte eher Respekt aus. Das Männliche und das Weibliche existierten offensichtlich friedlich nebeneinander. In Matriarchaten wurden Männer weder verkauft noch waren sie Besitz. Im Patriarchat wurde jahrhundertelang sowohl mit männlichen als auch mit weiblichen Sklaven gehandelt. Bis heute werden Frauen und Kinder zur Prostitution gezwungen. Die Geschichte zeigt auch, dass das männliche Prinzip offensichtlich glaubte, das Weibliche erniedrigen zu müssen, um zu seiner Entfaltung zu kommen. Jedenfalls geschah es so. Das müssen wir anerkennen. Wir wissen nicht, wie die Geschichte verlaufen wäre, hätte die patriarchale Revolution nicht stattgefunden. Das fällt alles in den Bereich der Spekulation. Genauso klar ist, dass die wenigsten von uns in die Verhältnisse der Jungsteinzeit zurückkehren wollen und dass wir uns prinzipiell immer nur nach vorne bewegen können. Dabei können wir uns von der Vergangenheit inspirieren lassen. Es ist gut, die Zusammenhänge zu kennen.

Das männliche Prinzip des konkurrierenden Wettkampfes hat sich in unserer jüngsten Geschichte so stark gegenüber dem aufbauenden, nährenden, Raum und vor allem auch Zeit gebenden weiblichen Prinzip durchgesetzt und verselbständigt, dass es für uns normal ist, dass in unseren Wirtschaftssystemen das männliche Prinzip zu Erfolg, Wachstum und Stabilität führt. Das drückt sich auch in monetären Größen aus. Derweil ist das weibliche Prinzip abhängig und bleibt auf Unterstützung angewiesen. Es erfährt keine monetäre Wertschätzung und gilt als selbstverständlich. Das spiegelt sich auch darin wider, welchen Wert eine Gesellschaft Tätigkeiten wie Erziehung, Pflege,

Bildung und Förderung von Kindern, Alten und Kranken beimisst. Schon daran können wir erkennen, wie abgewertet das Weibliche immer noch ist, auch wenn wir es nicht anders kennen.

Wechselseitige Abhängigkeit im Sinne von auf Gegenseitigkeit beruhender Kooperation beider Prinzipien würde zu einem völlig anderen Umgang und zu anderen Vereinbarungen in der Gesellschaft führen.

In vielen matriarchalen Gesellschaften sind die Kinder und die Alten die wertvollsten Elemente einer Kultur. Sie genießen einen hohen Status. In unserer heutigen Gesellschaft ist es genau umgekehrt: alles Geschehen konzentriert sich auf die Erwachsenen – bis auch sie älter werden.

Was ist genau weiblich und männlich?

Betrachten wir zunächst, was auf der körperlichen Ebene passiert.

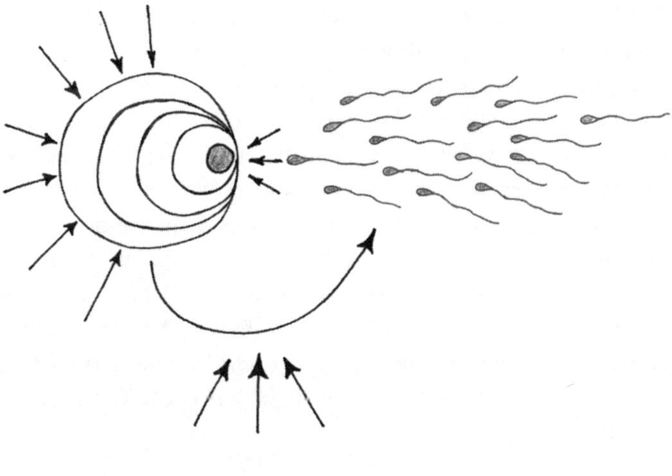

Dem männlichen Prinzip liegt zugrunde, dass es den weiblichen Körper öffnet, in ihn eindringt und seinen Samen in die weibliche Vagina ergießt. Wir sehen, dass das männliche Prinzip bedeutet, im Schwarm von vielen Samenzellen im Wettkampf bis zur Eizelle vorzudringen, in sie einzudringen und mit ihr zu verschmelzen. Wir sehen ebenfalls, dass es höchstens eine Samenzelle schafft, während alle anderen absterben. Beim männlichen Prinzip (zur Erinnerung: das männliche Prinzip ist nicht gleichbedeutend mit dem Mann) stehen also Wettkampf, Konkurrenz und vor allem Zielorientierung im Zentrum. Das männliche Prinzip bedeutet, aktiv auf etwas zuzugehen, vorzustoßen und etwas zu erreichen. Es bedeutet auch, in neues, unbekanntes Terrain vorzustoßen. Damit eine Samenzelle das Ziel erreicht, wird das Sterben vieler anderer Samenzellen in Kauf genommen. Das Männliche spürt sich durch Konkurrenz, Kampf und Sieg. Die Bedeutung von Kampf oder Wettbewerb sollten wir nicht unterschätzen. Er ist für das männliche Prinzip existenziell. Dabei kann es auch ruhig etwas rauer zugehen.

Das weibliche Prinzip besteht darin, sich zu öffnen, erst den männlichen Penis und dann den Samen aufzunehmen, mit ihm zu verschmelzen, indem die Eizelle sich den Samen einverleibt, und dann dieses durch Samen und Eizelle neu entstandene Leben aktiv zu nähren und ununterbrochen zu versorgen. Das Weibliche bedeutet also, über den konkreten Vorgang der Befruchtung hinaus, an dem männliches und weibliches Prinzip beteiligt sind, viel Energie und Zeit aufzubringen, um das neu entstandene Wesen werden und wachsen zu lassen. Das Weibliche gibt ihm dafür Raum, führt ihm permanent Energie in Form von Nährstoffen zu, um es schließlich zu gebären und dann den Prozess des Nährens, Pflegens und Behütens außerhalb des eigenen Körpers weiterzuführen. Der *aktive* Beitrag des weiblichen Prinzips an der Entstehung und Erhaltung des Lebens ist also ungleich höher als der des männlichen! Diese Tatsache wird oft einfach übersehen.

Diese Tatsache trägt ganz wesentlich dazu bei, dass Frauen mehr Interesse an der Erhaltung des Lebens haben als Männer. Im Umkehrschluss führt sie dazu, dass Frauen weniger Interesse an Krieg und Gewalt haben. Daraus eine moralische Überlegenheit zu konstruieren, ist allerdings wenig hilfreich. Krieg und Gewalt sind schlicht und ergreifend eine Bedrohung weiblicher Interessen.

Das, was Frauen mit viel Zeit und Energie über Jahre genährt und aufgezogen haben, wird im Krieg oder im Waffenkonflikt mit einem Streich vernichtet.

Da der männliche Beitrag zur Entstehung des Lebens vergleichsweise kurz und wesentlich weniger aufwendig ist, ist das männliche Interesse an der Erhaltung des Lebens auch geringer beziehungsweise wird dem Erreichen anderer Ziele untergeordnet.

Das weibliche Prinzip besteht im Wesentlichen darin, sich zu öffnen, aufzunehmen, Verschmelzung mit dem männlichen Prinzip zu erfahren und dann darin, zu nähren, zu pflegen, zu behüten und Raum zu geben, man kann auch sagen: zu lieben.

Liebe und Zärtlichkeit sind etwas, das aus der Mutter-Kind-Beziehung in die Welt gekommen ist. Der österreichische Verhaltensforscher Eibl-Eibesfeldt geht davon aus, dass sich aus der Mutterliebe alle anderen Formen der Bindung zwischen Menschen entwickelt haben. Mutterliebe ist der Ursprung von Empathie, Mitempfinden und romantischer Liebe sowie von allen anderen Formen freundschaftlicher Geselligkeit. Männer, die beide Prinzipien gut entfaltet haben, fallen dadurch auf, dass sie Liebe und Zärtlichkeit genießen und vor allem auch selbst geben können, ohne deshalb auch nur im geringsten ihre Männlichkeit zu mindern. Wenn wir dabei noch bedenken, dass das Männliche immer aus dem Weiblichen hervorgeht (jeder Mann wurde von einer Frau geboren), ist es kein Wunder, dass sich die Menschheit über einen so langen Zeitraum an den Leben gebenden und vor allem auch lebenserhaltenden weiblichen Werten orientierte. Wir hätten sonst die frühe Epoche der Menschheitsentwicklung wahrscheinlich nicht überlebt.

Interessanterweise haben sich viele Männer in den letzten Jahrhunderten für Werte eingesetzt, die dem weiblichen Prinzip zugeordnet sind, ohne sie jedoch so zu nennen und ohne sich diesen Zusammenhang bewusst zu machen. Das Bewusstsein darüber, dass es weibliche Werte sind, für die sie sich einsetzen, ist auch gar nicht gewünscht. Ihrer Meinung nach verfolgen sie hohe Ziele (männliches Prinzip), wie Frieden, Demokratie und Menschenrechte, Umweltschutz, Völkerverständigung. Mit männlich oder weiblich hat das ihrem Empfinden nach nichts zu tun. Dennoch geht es dabei um den Erhalt und den Wert des Lebens.

Auch daran kann man sehen, dass dem Weiblichen immer noch etwas Minderwertiges anhaftet. Dabei wäre es eine entscheidende Unterstützung für das weibliche Prinzip, wenn gerade Männer sich explizit dafür einsetzten. Das würde wesentlich zu seiner Aufwertung beitragen.

Männlich und weiblich sind hier als Polaritäten zu verstehen. Keine Qualität ist besser oder schlechter. Jede Qualität kann, für sich gesehen, übertrieben werden und wird damit unförderlich.

Für jeden Menschen ist es wichtig und lohnend, beide Prinzipien in sich zu entfalten und zu einem harmonischen Ausgleich zu bringen, um in den verschiedenen Lebenssituationen angemessen agieren und reagieren zu können.

Das Männliche und Weibliche als Polaritäten

♀	♂
Verbundenheit	Ausgerichtet sein
Zuwendung	Konkurrenz
Nähren, pflegen, behüten	Abenteuer
Präsenz	Zielstrebigkeit
Gebären	Kämpfen
Rahmen	Inhalt
Erde	Himmel
Körper	Geist
Ruhe	Aktion
Kelch	Schwert
Zyklus	Linie/linear
Entspannung	Anspannung
Nacht	Tag
Muttermilch, vaginale Sekrete	Sperma
Welle	Stab
Empfänglichkeit	Durchsetzungskraft
Empathie	Führung
Kommunikation	Eigenverantwortlichkeit
Langsamkeit	Schnelligkeit
Vertrauen	Kontrolle
Hingabe	Mut
Loslassen	Klarheit
Flexibilität	Entscheidungsfähigkeit
Verbindlichkeit	Unabhängigkeit
Ganzheit	Individualität

An den Symbolen für weiblich und männlich werden einige Eigenschaften dieser Prinzipien sehr anschaulich. Beide verbindet der Kreis. Legt man beide Symbole übereinander, dann fällt auf, dass das weibliche Prinzip nach unten verwurzelt ist, während sich das männliche nach oben streckt.

Das Weibliche sucht die Verbindung nach unten, das Männliche erforscht den Raum.

Die Entfaltung des männlichen Prinzips hat der kulturellen Evolution einen ungeheuren Schub gegeben. Diese Tatsache ist unbestritten. Ob sie dermaßen auf Kosten des weiblichen Prinzips hätte gehen müssen, ist eine andere Frage. Darüber zu grollen und den Schuldigen zu suchen, führt auf jeden Fall nicht weiter. Das heißt nicht, dass die damit verbundenen Gefühle nicht erlebt werden dürfen. Unserer Meinung nach ist die ehrliche Auseinandersetzung mit diesen Gefühlen Teil eines Prozesses.

Eine Überbewertung des männlichen Prinzips führte dazu, dass die Verbindung nach unten (zur Erde, zur Schöpfung, zu unserem Ursprung) nicht mehr kultiviert wurde, sie wurde sogar verteufelt und dann für unbedeutend erklärt. Ohne die Verbindung nach unten zu halten, läuft das männliche Prinzip Gefahr, abzuheben, es verliert eben jenen wichtigen Anker und kann damit für die ganze Schöpfung zur Bedrohung werden. Zu beobachten ist dieses Phänomen immer dann, wenn Männer lange Zeit unter sich sind, beispielsweise im Krieg. Sie fangen an zu räubern, zu morden, zu plündern und zu vergewaltigen. Zu beobachten sind die Konsequenzen männlicher Unverbundenheit aber auch in größenwahnsinnigen Ideen aller Art oder in der Verselbständigung bestimmter Prozesse und Strukturen aufgrund rein finanzieller Zielvorgaben, die vielleicht für den Erhalt dieser Strukturen relevant sind, dem Leben aber nicht dienen, sondern es sogar zerstören. Auch der Wirtschaftskreislauf kann seine Segnungen auf Dauer nur entfalten, wenn zusätzlich eine Verbundenheit mit dem unmittelbaren Umfeld kultiviert wird, also die Verbindung nach unten dabei ernst genommen wird.

Im Moment werden immer noch zirka dreiviertel der Erde vom männlichen Prinzip dominiert. Das Problem besteht also in der fehlenden Balance zwischen beiden Prinzipien. Dies klingt zunächst sehr abstrakt, wirkt sich aber unmittelbar auch auf unsere Beziehungen aus.

Erfüllte Beziehungen werden erst möglich sein, wenn eine Balance beider Prinzipien kultiviert wird.

Dazu müsste diese Balance erst einmal als wünschenswert erkannt und angestrebt werden und zwar von allen Menschen, unabhängig davon, welches Geschlecht sie haben.

Der Energiekreislauf von Frau und Mann

Bleiben wir noch etwas auf der Ebene des Körpers.
Diana Richardson hat in ihrem Buch *Zeit für Weiblichkeit* den Energiekreislauf von Mann und Frau anschaulich beschrieben. Die Energiepole sind in der Regel komplementär. In der folgenden Zeichnung haben wir zusätzlich das Wissen aus der Tradition nordamerikanischer Ureinwohner/innen über die grundsätzlich unterschiedliche Form der Energieaufnahme von Männern und Frauen integriert.

Indigene Völker haben oft matriachales Wissen erhalten und wissen noch um die unterschiedlichen Polaritäten von Mann und Frau. Frauen beziehen einen Großteil ihrer Energie von unten aus der Erde. Die Energie strömt die Beine hinauf (oder wird direkt durch die Vagina aufgenommen), sie spiralt und potenziert sich das erste Mal in den Eierstöcken, wird dann nach oben in die Brüste gebracht, dort spiralt und potenziert sie sich ein weiteres Mal und wird dann an die Welt zurückgegeben beziehungsweise in die Welt gebracht. Dies kann in materieller Form durch die Abgabe von Milch über die Brust geschehen, aber auch über ein Liebesgefühl. Es kann über die Augen geschehen, über die Haut, über Worte oder einfach energetisch.

Männer beziehen den Großteil ihrer Energie von oben aus dem Himmel (deswegen sind alle männlich dominierten Religionen nach oben ausgerichtet). Sie läuft von oben nach unten gerade durch, spiralt und potenziert sich zum ersten Mal in den Hoden und wird dann häufig über den Penis wieder an die Welt abgegeben, materialisiert in Form von Sperma. Männer sind nicht in gleicher Weise geerdet wie Frauen. Sie müssen sich bewusst mit der Erde verbinden. Alte Völker haben dafür Rituale, in denen es darum geht, diese Verbundenheit mit der Erde herzustellen. Die Schwitzhüttentradition der nordamerikanischen Ureinwohner ist ein Beispiel für ein solches Ritual. Frauen sind natürlicherweise über ihren Zyklus mit allen Rhythmen der Erde, des Mondes und des Universums verbunden. Männer müssen diese Verbundenheit erst herstellen, sie ist ihnen nicht natürlicherweise gegeben. Eine andere Möglichkeit, diese Verbundenheit herzu-

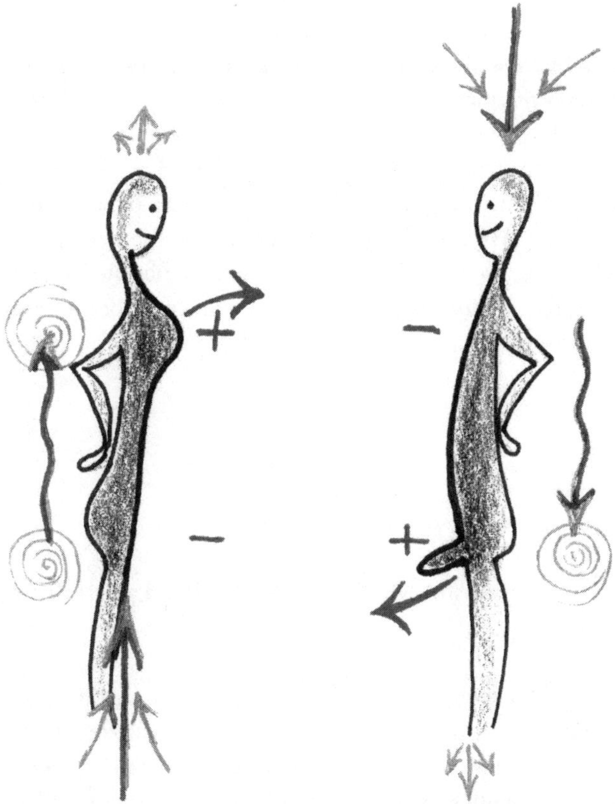

stellen, ist die sexuelle Vereinigung. Für den Mann ist es möglich, darüber Verbundenheit zu erfahren. Entscheidend ist auch hier wieder die Absicht.

Den wenigsten Frauen in unserem Kulturkreis würde es einfallen, Energie von unten aus der Erde beziehen zu wollen. Die Ausdünstungen der Erde wurden zu lange als böse und gefährlich betrachtet. Wir sind alle gewohnt, das Heil von oben zu erwarten. So schneiden sich Frauen von ihrer eigentlichen Energiequelle ab, ohne auch nur eine Ahnung davon zu haben.

Wie Frauen Energie bekommen und Männer sich bewusst erden können:

Laufen Sie im Sommer so häufig wie möglich barfuß. Setzen Sie sich auf die Erde und öffnen Sie sich bewusst für ihre Energien. Machen Sie sich bewusst, dass die Erde alles hervorbringt, alles aufnimmt, transformiert und wieder neu hervorbringt. Beginnen Sie, Ihre Beziehung zur Erde zu erweitern und zu beleben.

Sexualität als Möglichkeit der Rückverbindung

Die Sexualität bietet uns die Möglichkeit, uns wieder mit unserem Ursprung zu verbinden also »re-ligio« zu vollziehen. »Religio« kommt aus dem Lateinischen und hat in seiner ursprünglichen Bedeutung nichts mit einer Glaubensrichtung oder einem Glaubensbekenntnis zu tun, sondern bedeutet »Rückverbindung«.

Das eigentliche Wunder oder Mysterium der Sexualität liegt in der Verschmelzung, wenn zwei Lebensenergien in vollständiger Vereinigung zusammenkommen. Durch das Vermischen ihrer Körpersekrete erschaffen sie einerseits neues Leben und haben andererseits die Möglichkeit, ihren eigenen Energieraum auszudehnen und zu vergrößern, indem sie ihre Energiekreisläufe miteinander verbinden.

Auf der biologischen Ebene kann das im Entstehen eines Kindes seinen Ausdruck finden. Die Verschmelzung kann aber auch anders erfahren werden, sie ist direkt erlebbar als Verschmelzung von zwei Energiekörpern. Das geht mit einem ungemeinen Zugewinn an Lebensenergie einher. Bei einer Verschmelzung der Energien und Körpersäfte von Mann und Frau während des Liebesspiels werden beide mit den Energien des jeweils anderen aufgeladen. Dadurch werden beide Prinzipien in beiden Partnern harmonisch ausgeglichen. Die Wissenschaft ist gerade dabei, die vielen Vorteile eines aktiven Sexuallebens zu erforschen.

In Frauenzeitschriften oder Internetforen ist Folgendes darüber nachzulesen:

Sex macht gesund und schön

Eine richtig gute Liebesnacht wirkt wie ein wohltuendes Zauberelixier auf Körper und Seele. Eine Erfahrung, die wissenschaftliche Studien bestätigen. Denn liebevolle Sexualität, inklusive Streicheln, Küssen, Umarmen, überflutet die Organe mit einem Hormon-Cocktail, der nicht nur glücklich, sondern zudem gesund und schön macht.

Sex senkt den Blutdruck

Wie eine Studie aus North Carolina/USA ergab, sinkt allein schon durch Streicheln und Schmusen bei Frauen der Spiegel des Stresshormons Cortisol. Das wirkt sich positiv auf ihren Blutdruck aus – und minimiert langfristig das Risiko, einen Herzinfarkt oder Schlaganfall zu erleiden. Dafür verantwortlich ist höchstwahrscheinlich das Hormon Oxytocin, das der Körper beim Liebkosen und verstärkt nach dem Orgasmus ausschüttet. Noch deutlicher sind die Forschungsergebnisse bei Männern: Leben sie sexuell aktiv, so eine Untersuchung aus Großbritannien, sterben sie seltener an Herzattacken als Liebes-Abstinenzler.

Sex sorgt für erholsamen Schlaf

Auch bei Frauen hat Sex – dank des Orgasmus-Stoffes Oxytocin – diese entspannend-einschläfernde Wirkung, nur schaltet sich bei ihnen der Schlafmodus nicht ganz so fix ein wie bei Männern. Doch sie schlafen danach ebenfalls tiefer und entspannter als sonst. Was auch daran liegt, dass durch Zärtlichkeiten und Umarmungen der Stresspegel enorm sinkt, Ärger und Frust sich in Luft auflösen.

Sex hilft gegen Schmerzen

Der Endorphinschub, der beim Sex den Körper überflutet, hat eine ähnliche Wirkung wie eine Dosis Morphium. Bei einer Studie in Frankreich wurden Probandinnen während des Liebesspiels mit einer Nadel gepiekt – das Ergebnis: Beim Orgasmus war das Schmerzempfinden bis zu 70 Prozent reduziert! Kopfweh und Migräne können sich dank Endorphin verflüchtigen. Auch Regelschmerzen werden schwächer, wenn man häufig Sex hat, so fand eine Studie der Yale-Universität heraus.

Sex macht schöne, glänzende Haare

Denn durch Sex steigt der Östrogenspiegel kräftig an. Wie eine Studie des US-Gesundheitsministeriums herausfand, verdoppelt sich bei Frauen, die sich mindestens einmal pro Woche vergnügen, der Anteil des Hormons im Blut. Östrogen steuert den Menstruationszyklus, aber es sorgt auch für weibliches Aussehen, zum Beispiel, indem es das Haar richtig schön glänzen lässt – es sieht durch eine Extradosis Östrogen voller und gesünder aus.

Sex heitert die Stimmung auf

Das liegt am Gute-Laune-Hormon Endorphin, das nicht nur bei der Schmerztilgung gute Dienste leistet. Bis zu 24 Stunden hält der High-Effekt des Endorphins an, der auch ein wenig süchtig macht … Reichlich Sex bringt aber auch einen langfristigen Bonus: Menschen mit regem Liebesleben, sagen Forscher der Universität Leipzig, leiden weitaus weniger an Angststörungen und Depressionen.

Sex sorgt für straffe, rosige Haut

Wenn wir uns lieben, läuft unser Körper auf Hochtouren: Das Herz pumpt mehr Blut durch die Adern, damit strömt Sauerstoff bis in die kleinsten Ecken, versorgt unseren Körper perfekt mit Vitaminen und Mineralstoffen. Dadurch wird unsere Haut besser mit Feuchtigkeit beliefert, sieht prall und rosig aus. Durch das Schwitzen beim Liebesspiel wird zudem die Tätigkeit der Lymphe angeregt. Der Effekt: Unreinheiten verschwinden, der Teint strahlt mehr, das Hautgewebe altert langsamer.

Sex stärkt das Immunsystem

Das Liebesspiel bringt die körpereigene Viren-Polizei auf Vordermann: Leute, die oft Sex haben, werden seltener krank und haben ein besseres Immunsystem.

Über die Hintergründe sind sich die Wissenschaftler noch nicht mit letzter Sicherheit im Klaren. Sie vermuten, dass der Austausch von fremden Körperflüssigkeiten das körpereigene Abwehrsystem trainiert. Oder – so lautet die zweite Hypothese: Die ausgeschütteten Happy-Hormone killen die schädlichen Stress-Gegenspieler, die uns schlapp und für Krankheiten anfällig machen. Wahrscheinlich trifft eine Mischung aus beiden Theorien zu. Auf jeden Fall hat man bei moderater Sex-Frequenz (ein- bis zweimal die Woche) eine erhöhte Anzahl von Antikörpern und weißen Blutkörperchen im Blut. Und damit die perfekte Abwehrmauer gegen Schnupfen und Co. errichtet.

Sex hält jung

Nach einer Studie der Universität von Edinburgh/Schottland sehen Paare, die regelmäßig Sex haben, bis zu sieben Jahre jünger aus. Wer sich dreimal pro Woche zwischen den Laken vergnügt, verjüngt sich sogar um zehn Jahre! Die verbesserte Aufnahme von Vitalstoffen und die Reduzierung von Stresshormonen bewirken diesen Jungbrunnen-Effekt. Bei Frauen spielt auch das Östrogen eine Rolle. Es kann die Menopause verzögern und den Alterungsprozess der Zellen bremsen.

Sex macht schlank

»Ich will keine Schokolade, ich will lieber einen Mann«, sang Trude Herr in den Sechzigern.

An dem Song ist etwas Wahres dran – denn Sex verbrennt nicht nur Kalorien, sondern kann auch Heißhungerattacken verhindern. Und sorgt damit für eine gute Figur. Normalerweise ist es die Gier nach Glückshormonen, die uns zur Schokolade greifen lässt. Doch diesen Kick bekommen wir auch durch den Liebesakt. Da eine aufregende Nacht hervorragend entspannt, brauchen wir zudem kein Frustessen mehr, um den Alltagsstress zu vergessen.

Sex macht Lust – auf noch mehr Sex

Je mehr wir bekommen, umso mehr wollen wir – dieses Prinzip gilt auch bei der Liebe.

Der Hormonspiegel kommt nämlich durch die stetigen »Explosionen« richtig gut in Schwung, das erotische Verlangen steigt und damit meistens auch die Sex-Frequenz samt ihren positiven Auswirkungen auf Körper und Seele. Sex sorgt aber nicht nur für mehr Lust – sondern auch für mehr Liebe. Denn das Orgasmushormon Oxytocin – auch als Bindungshormon bekannt – lässt romantische Gefühle und die Treue zwischen Partnern wachsen.

Damit die Sexualität diese heilsamen Wirkungen entfalten kann und die Liebe sich zwischen den Partnern immer weiter vermehrt, müssen aber noch einige andere Aspekte berücksichtigt werden, über die in der Regel nicht geschrieben wird.

Um uns einander ganz hingeben zu können, müssen wir uns überhaupt hingeben können. Wir müssen wissen und spüren können, wer wir in unserem innersten Kern sind.

Hingabe als Voraussetzung für Verschmelzung ist mit dem Prozess des Sterbens vergleichbar. Sie hat zu tun mit der Bereitschaft, sich aufzulösen. Wenn wir uns ganz hingeben, lösen sich unsere Ich-Grenzen gewissermaßen auf. Wir erweitern sie, dehnen sie aus. Die Ähnlichkeit mit dem Sterbeprozess hängt damit zusammen, dass unser »Ich« Angst hat, dabei zu sterben. In gewisser Weise tut es das ja auch, weil wir in diesem Moment mit einem »Du« verschmelzen. Wir sehnen uns einerseits nach dieser größtmöglichen, körperlich erfahrbaren Nähe, andererseits haben wir Angst davor, unabhängig davon, ob wir Männer oder Frauen sind. Wir haben diese intensive Nähe lange nicht kultiviert.

Frauen könnten regelmäßig mit ihrer Hingabefähigkeit in Kontakt sein, wenn sie sich gestatten, ihren Zyklus bewusst zu erleben, der den Aspekt des Sterbens und Auflösens und Loslassens beinhaltet. Wir haben aber in unserer Kultur eine solche Angst vor Sterben und Tod entwickelt, dass uns Hingabe besonders schwer fällt. Das Wissen über die Bedeutung des weiblichen Zyklus ist ebenso verloren gegangen. Welche Frau nutzt die Kraft ihrer Menstruation, um dem Loslassen und Auflösen Raum zu geben? Es ist das Geschenk der Hingabe, das in dieser Erfahrung wohnt. Frauen haben jeden Monat eine neue Chance, dieses Geschenk auszupacken.

Praktische Hinweise für Frauen

Wenn der Eisprung vorüber ist und die Energien anfangen, sich nach innen zu wenden, dann gönnen Sie sich zunehmend Ruhe und Rückzug. Steigern Sie dieses Vorgehen bis nach der Menstruation. Lassen Sie ein langsameres Lebenstempo zu, tun Sie ihrem Körper was Gutes, akzeptieren Sie den etwas angeschwollenen Leib, verbinden Sie sich mit der Natur, hier besonders mit dem Aspekt des Wassers. Nehmen Sie sich Zeit zum Träumen, auch zum Tagträumen. Wenn Sie sich nur fünf Minuten täglich bewusst zurückziehen und die Dinge geschehen lassen, werden Sie einen Unterschied bemerken.
Während ihrer Menstruation lassen Sie das Blut wenigstens einen Tag lang wirklich fließen, indem Sie eine Binde verwen-

den. So kommen Sie stärker mit den Qualitäten des Loslassens in Kontakt. Erlauben Sie sich, das Gefühl des unkontrollierten Fließenlassens zu genießen.

Praktische Hinweise für Männer

Ermuntern Sie Ihre Partnerin, sich während ihrer Menstruation Rückzug zu gönnen. Wenn sie launisch ist, machen Sie keine abwertenden Bemerkungen dazu (»Du bekommst wohl deine Tage«), sondern zeigen Sie ihr, dass Sie ihre zyklische Natur achten und respektieren. Damit erleichtern Sie ihr, sich ihrer zyklischen Natur wieder bewusst zu werden. Indem Sie ihr liebevoll den Rückzug gönnen, kann sie sich schneller erneuern und sich Ihnen danach wieder dankbar nähern.

Ein wesentlicher Teil der Aufgabe besteht also auch hier darin, mit sich selbst in Berührung zu kommen und sich mit der universellen Lebenskraft in uns selbst zu verbinden. Wir wissen, dass diese das Göttliche in uns ist und nicht etwas Böses oder etwas, dessen wir uns schämen müssten. Wir können uns dieser Energie hingeben und vertrauen.

Um diese Lebensenergie (chinesische Traditionen sprechen von Chi, indische von Kundalini oder Shakti) in ihrer ganzen Kraft zu erfahren, bedarf es einer Verfeinerung unserer Sinne, eines vertieften und erweiterten Verständnisses der energetischen Abläufe in uns. Dazu ist es notwendig, Bewusstsein in den Körper zu bringen. Dies geschieht, indem wir uns unserem Körper zuwenden, ihn interessiert und wohlwollend erforschen. Es geht darum, in ihn hineinzulauschen, zu spüren, was ihm gut tut und was nicht und auf ihn zu hören.

Dies ist sicherlich nur möglich, wenn wir uns der Sache wirklich zuwenden. Viele Menschen möchten eine erfüllte Sexualität »mal eben so« haben. Viele erfolgreiche Menschen wollen ihre Sexualität verbessern, da sie sie als unbefriedigend erleben. Doch von nichts kommt nichts.

In der Sexualität gilt das, was auf allen anderen Gebieten auch gilt. Wenn wir bereit wären, so viel Zeit und Energie in unsere Sexualität zu investieren wie in unseren Beruf, hätte unser Sexualleben bestimmt eine völlig andere Qualität.

Wir leben aber immer noch in einer vom männlichen Prinzip beherrschten Gesellschaft: aktiv, leistungsbetont, nach außen orientiert, spannungsgeladen. Die Form der Sexualität zwischen Frauen und Männern spiegelt diese männliche Überbetonung deutlich wider. Immer noch ist sie hauptsächlich auf männliche Bedürfnisse ausgerichtet und von männlichem Verhalten sowie von männlichen Phantasien geprägt, dabei soll sie möglichst erregend, spannend und voller Höhepunkte sein. Qualitäten des weiblichen Prinzips wie Liebe, Stille, Langsamkeit und absichtslose Präsenz wird wenig Wichtigkeit eingeräumt. Zum Teil sind sie in diesem Zusammenhang völlig unbekannt. Dabei sind Ruhe und Entspannung die Voraussetzung, um die Gewässer der Frau zu erwärmen, so dass sie sich öffnen und damit auch dem Mann neue Erfahrungen in seinem sexuellen Erleben ermöglichen kann. Stattdessen steuert die männlich dominierte Sexualität zielgerichtet auf den Orgasmus zu und viele von uns glauben, die weibliche Sexualität wolle dasselbe, nur dauere es möglicherweise länger.

Im Extremfall kommt es zu gewalttätigem Sexualverhalten, Kindesmissbrauch, Vergewaltigung und sexueller Perversion. Zwecks Lustgewinn wird sogar getötet. Frauen verweigern sich, lassen Sex über sich ergehen oder passen sich an, indem sie sich männliche Verhaltensweisen aneignen. Sie haben in den letzten Jahrtausenden wenig Gelegenheit gehabt, ihre Bedürfnisse wahrzunehmen und eine eigene sexuelle Identität zu entwickeln. Ohne weibliche Ekstase ist sexuelle Erfüllung aber nicht möglich, weder für Frauen noch für Männer. Das ist die Crux bei der Sache.

Eine erfüllte Sexualität ist oft ein Traum von Männern. Die Erwartungen an Beziehungen und die damit verbundene Sehnsucht sind wesentlich höher gesteckt als in anderen Lebensbereichen.

Männer leiden ebenfalls unter der herrschenden Unausgewogenheit. Die Überbetonung des männlichen Prinzips führte zu Erwartungen, die von Männern verlangen, »allzeit bereit« zu sein. Männer müssen immer erigieren können – möglichst unabhängig von ihrem eigenen Befinden oder äußeren Umständen. Sie müssen außerdem die Erektion lange aufrechterhalten können. Ohnehin müssen sie kämpfen, leisten, leisten, leisten und die Welt am Laufen halten. Beim Sex müssen sie dann wieder etwas leisten und es der Frau irgendwie besorgen. Oft klappt das nicht so wie gewünscht. Das ist nicht erfüllend, sondern anstrengend.

Wir sehnen uns nach sexueller Erfüllung, und das ist etwas völlig anderes als die reine sexuelle Befriedigung. Sexuelle Befriedigung ist eine durchaus lustvolle kurzfristige Spannungsentladung, die für ein paar Augenblicke einen entspannten Zustand erzeugt; in der Regel geht sie aber mit einem Energieverlust einher. Die interessante Frage ist: Was macht den Unterschied zu wirklicher sexueller Erfüllung aus?

Sexuelle Erfüllung wird im Wesentlichen von weiblicher Energie gespeist. Sie wirkt nachhaltig, hat einen nährenden und heilenden Charakter. Sexuelle Erfüllung erleben wir in der Verschmelzung. Sie berührt uns in unserem innersten Kern. Sie ist nicht kurz und heftig, sondern entwickelt sich langsam. Sie rollt wie eine Welle ganz langsam heran, kann lange andauern und wirkt lange nach. Sie macht wirklich satt. Sind wir sexuell erfüllt, brauchen wir nicht ständig einen neuen Kick. Sexuelle Erfüllung gibt uns das deutlich wahrnehmbare Gefühl, Energie gewonnen zu haben.

Verschmelzung ist in der Sexualität direkt erlebbar, kann aber nur erfahren werden, wenn es zur weiblichen Ekstase kommt. In ihr liegt das Prinzip der Verbundenheit.

Das sexuelle Erleben der Verschmelzung ermöglicht allein die Frau. Es ist abhängig davon, wie weit sie sich dafür öffnet, wie weit sie sich für den Mann öffnet.

Hierin liegt das eigentliche Mysterium der Sexualität. »Religio« oder Rückverbindung bedeutet Rückkehr zum Ursprung. Diese Rückkehr zum Ursprung ist für den Mann möglich, wenn er mit der Frau schläft, sich mit ihr verbindet – wenn sie sich dafür öffnet. Dies kann sie nur selbstbestimmt und freiwillig tun. Aus diesem Grund suchte und sucht der Mann schon immer die Frau – durch alle Jahrtausende und Generationen hinweg.

Für die Frau ist diese Erfahrung der Verbundenheit auch ohne Mann möglich. Sie ist von Natur aus mit allem, was ist, verbunden. Das findet auch in ihrem Zyklus Ausdruck und ist der Grund dafür, dass die Sexualität der Frau verehrt wurde. Die Verehrung galt der weiblichen Vagina als konkretem Ort der Rückverbindung sowie den Körpersäften der Frau, die mit ihrer multiplen Orgasmusfähigkeit einhergehen und den nährenden verjüngenden Effekt bei beiden Liebespartnern erzeugen. Sexualität war Ausdruck der weiblichen Macht der Frau und ihrer schöpferischen Potenz.

Der Mann braucht die Frau, um sich wieder mit dem Ursprung verbinden zu können. Die Frau braucht den Mann, um ihre Energien zum Überfließen zu bringen. Dieses Überfließen ermöglicht die Erfahrung von Erfüllung – von Fülle. Der Mann füllt den weiblichen Kelch, der dann überfließt.

Das ist das eigentliche Geheimnis, das wir alle vergessen haben. Die Männer ebenso wie die Frauen selbst. Alle sind auf der Suche, ohne genau zu wissen, was sie eigentlich suchen. Männer möchten sich rückverbinden und das Ausströmen der weiblichen Fülle in sich aufnehmen. Frauen möchten ihre Liebessäfte fließen lassen und verschenken. Männer möchten Frauen ihre Kraft und ihre Ausdauer zur Verfügung stellen und dadurch ihre Liebe ins fließen bringen. In diesem Kontext erfuhr der Penis des Mannes früher ebenfalls Verehrung.

Solange sich Sexualität hauptsächlich am männlichen Prinzip orientiert, kann sie in keiner Weise diese Wirkung entfalten. Die Erfahrung der Verbundenheit kann auch der Mann dann nur in abgeschwächter Form machen. Denn die Erfüllung, nach der er sich sehnt, kommt durch die Liebe, manifestiert in den Körpersäften und der weiblichen Energie. Diese körperliche Liebe ist so süß, sie schmeckt und tut so gut und macht so nachthaltig satt – sie ist das Paradies auf Erden, aus dem wir uns selbst vertrieben haben.

Dass ein Mann diese Erfahrung immer sucht, aber selten findet, kompensiert er oft dadurch, dass er immer neue Partnerinnen sucht und hofft, bei der nächsten Partnerin vielleicht diese Erfüllung zu finden. Manchmal findet diese Suche auch in physischer oder psychischer Gewalt ihren Ausdruck. Oft sind Männer ein Leben lang auf der Suche ohne genau zu wissen, was sie eigentlich suchen und wo sie es finden können.

Wir haben die Sexualität jahrhundertelang so pervertiert, dass die Frau inzwischen weit davon entfernt ist, sich so weit zu öffnen, dass beim Liebesspiel eine solche Rückverbindung stattfinden kann.

Das hat für Männer und Frauen enorme Konsequenzen. Die sexuelle Energie steckt hinter einer dicken Verpanzerung. Frauen sind in ihrem Schoß verletzt. Den meisten Frauen liegt es fern, sich weit zu öffnen und den Mann so dicht an sich heranzulassen. Das kommt unter anderem daher, dass Männer über einen so langen Zeitraum gelernt haben, den Sex von der Liebe abzutrennen. Die meisten Männer haben kein Problem damit, sich beim Liebesspiel sexuell erregt zu fühlen. Eine viel größere Herausforderung ist es für sie, während des Geschlechtsverkehrs große Nähe und Liebe zu empfinden und diese mit Sensibilität und Leidenschaft zuzulassen und auszudrücken. Aber gerade das könnte den weiblichen Schoß heilen und der Frau ermöglichen, sich zu öffnen.

Viele Paare erleben am Anfang ihrer Beziehung eine leidenschaftliche Sexualität, die beide sehr berührt. Im Laufe der Zeit verliert sie dann an Intensität, weil gegenseitige Verletzungen und Missverständnisse sich dazwischen schieben. Die Männer sind beim Liebesspiel nicht mehr so zärtlich, drücken ihre Liebe weniger darüber aus und die Frauen bemerken, dass sie weniger Lust auf Sex haben, aber gleichzeitig frustriert sind. Das alles geschieht schleichend, fast unmerklich. Irgendwann, besonders wenn das Paar in der Zwischenzeit Nachwuchs bekommen hat, ist der Sex zur Routine geworden, die eben ab und zu stattfindet. Liebe und Zärtlichkeit tauscht die Frau jetzt eher mit dem Kind/den Kindern aus. Den meisten Frauen fehlt in ihrer Beziehung das Gefühl, geliebt zu werden. Eine Frau fühlt sich geliebt, wenn der Mann es ihr deutlich zeigt, zum Beispiel indem er sie häufig in den Arm nimmt, sie küsst und ihr sagt, dass er sie liebt, kurz: indem er seine Liebe und Zärtlichkeit sowohl körperlich als auch verbal großzügig verschenkt. Viele Männer gehen fälschlicherweise davon aus, dass die Frauen schließlich wissen, dass sie sie lieben. Viele Männer sind ungeübt darin, auch unabhängig von Sexualität körperliche Zuwendung zu geben. Diese schafft aber das notwendige Vertrauen, damit die Frau sich wirklich für den Mann öffnen kann.

GABY UND CHRISTIAN sind seit vier Jahren zusammen. Am Anfang ihrer Beziehung hatten sie leidenschaftlichen Sex, der beide sehr berührte. Im Laufe der Zeit wurde die Beziehung stark durch Stress belastet. Nachdem sie ein Kind bekommen hatten, stellte Gaby ihre Arbeitsstelle auf Teilzeit um, während Christian immer mehr arbeitete.

Wenn Christian abends nach Hause kam, war er abgekämpft und müde. Gaby begrüßte ihn mit allen möglichen Themen und Problemen, die sie am Tag beschäftigt hatten oder noch zu erledigen waren. Christian zog sich immer mehr vor ihr zurück. Er fühlte sich überfordert. Gaby empfand ihn als kalt und fühlte sich nicht geschätzt und geliebt. Wenn es zum Sex kam, hatte sie das Gefühl, dass er eigentlich zu müde war, um sie wirklich zu lieben und es einfach nur hinter sich bringen wollte, um dann einzuschlafen. Gaby dagegen konnte nicht einschlafen, sie war wütend und frustriert.

Wenn Christian wollte, dass Gaby etwas für ihn tat, fand sie eine Ausrede. Sie explodierte oft in Situationen, die Christian für banal hielt. Daraufhin zog Christian sich noch mehr vor ihr zurück, kam noch später nach Hause und organisierte sich am Wochenende Termine mit Freunden. Christian und Gaby schlitterten auf eine schwere Krise zu. Es war nur eine Frage der Zeit. Dabei liebten sie sich eigentlich sehr.

Die Beziehung nahm eine deutliche Wendung, als Christian lernte, seine Gefühle für Gaby körperlich auszudrücken. Sie begannen, sich morgens vor dem Aufstehen und abends vor dem Einschlafen für zehn Minuten miteinander zu verbinden, ohne jedoch Sex zu haben. Christian führte seinen Penis in Gabys Vagina ein und dann lagen sie einfach nur still da, ohne sich zu bewegen. Dabei hielten und küssten sie sich. Zu Beginn war es merkwürdig für beide und es kostete einige Überwindung, da sie lernen mussten, diese »Übung« einfach zu machen, unabhängig davon, ob sie sich danach fühlten oder nicht.

Schon nach kurzer Zeit stellten sie die positiven Auswirkungen dieser täglichen Verbundenheit fest. Gaby fühlte sich geliebt und geschätzt. Sie brauchte dafür nicht unbedingt Sex, sondern hauptsächlich Christians körperliche Nähe und Zuwendung. Es tat ihr einfach gut, ihn zweimal am Tag in sich zu spüren und dabei gehalten zu werden. Christian konnte sich dabei entspannen. Er musste Gaby nicht zum Orgasmus bringen oder irgendetwas leisten. Er konnte einfach Energie tanken, indem er in ihr war. Am Anfang war es sehr ungewohnt für ihn, sich in Gaby nicht zu bewegen. Beide hielten in ihrem Bewusstsein aufrecht, dass es dabei einfach nur darum ging, sich miteinander zu verbinden.

Mit der Zeit spürten sie trotz der geringen Bewegung (oder gerade deswegen), wie sich die sexuelle Energie zwischen ihnen aufbaute. Sie begannen zunehmend, den Energiefluss in ihren Körpern wahrzunehmen. Ihre Beziehung wurde deutlich besser. Christian freute sich auf zu Hause, Gaby war weniger frustriert und wütend. Die tägliche Verbundenheit führte dazu, dass sie ehrlicher miteinander sprechen konnten und so im Laufe der Zeit die Dinge ausräumen konnten, die sie zwischen sich gestellt hatten.

Bei der oben beschriebenen Übung ist es besonders am Anfang wichtig, dass sie nicht in Sex übergeht. Verbinden Sie sich morgens und abends mindestens fünf Minuten lang auf diese Weise, danach kann sich natürlich auch ein Liebesspiel daraus entwickeln. Die Übung sollte aber davon unabhängig gemacht werden, damit sie ihre entspannende Wirkung für beide behalten kann.

Der weibliche Schoß ist der Ort, an dem die Verletzungen und Erniedrigungen des weiblichen Prinzips über die vergangenen 3.000 bis 4.000 Jahre ihre Spuren am deutlichsten hinterlassen haben. Der weibliche Schoß ist der Ort, der geheilt werden muss, um eine Balance zu ermöglichen. Die wirksamste Heilmethode ist Liebe.

Für viele körperliche Symptome, von Unwohlsein bis zu ernsten Krankheiten, ist die Ursache sexuelle Unausgewogenheit. Das gleiche gilt, wenn wir unglücklich sind, uns in unserer Beziehung zu uns selbst, zum Leben und zu anderen getrennt fühlen.

Die sexuelle Energie ist die stärkste Energieform, die Menschen zur Verfügung steht. Die Sexualität ist die stärkste transformierende, energetisierende und befreiende Kraft in uns.

Es wird Zeit, dieses Wissen wieder anzuwenden und die sexuelle Energie von ihren erdrückenden Panzern zu befreien.

Die schlechte Nachricht ist, dass es für die Entfaltung der weiblichen Sexualität keine für die heutige Zeit gültigen Vor- oder Leitbilder gibt, an denen wir uns orientieren könnten. Die gute Nachricht ist, dass Frauen diese konkreten Bilder auch nicht unbedingt brauchen, weil jede Frau von Natur aus Weisheit und Kraft in ihrem Körper und damit in sich trägt. Damit muss sie sich nur wieder verbinden.

Die weibliche Weisheit ist in ihrem Kern eine erfahrbare Weisheit. Sie ist in erster Linie die Weisheit der eigenen körperlichen Erfahrung und basiert weniger auf irgendwelchen theoretischen Zusammenhängen oder geistigen Konstrukten. Die Weisheit der Frau wohnt in ihrem Körper, deshalb ist es für Frauen so lohnend, ihren Körper wieder in Besitz zu nehmen, indem sie sich wieder trauen, wirklich hinzufühlen und Bewusstsein in jede einzelne Zelle zu bringen.

Übung für Frauen

Folgende Visualisierung können Sie machen, um sich mit Ihrem Schoß und insbesondere mit Ihrer Vagina zu verbinden. Machen Sie es sich bequem und hören Sie dazu Musik, die Sie entspannt und die Sie mögen. Gehen Sie zunächst mit Ihrer Aufmerksamkeit durch alle Körperteile und stellen Sie sich vor, wie Sie jeden einzelnen Körperteil entspannen.

Blütenkelch-Visualisierung

Gehen Sie nun mit Ihrer Aufmerksamkeit in Ihren Schoß.
Stellen Sie sich Ihre Vagina vor und wie diese die Form einer Orchideenblüte annimmt.

Sie ist wie ein geöffnetes Gefäß. Die Innenflächen Ihres Blütenkelches sind sehr empfindsam. Stellen Sie sich vor, wie Sie zunächst einzelne Punkte besonders deutlich wahrnehmen. Dann stellen Sie sich vor, wie von diesen einzelnen Punkte aus an der Innenfläche Ihres Blütenkelches immer weitere Verästelungen und Verzweigungen wachsen und sich ausbreiten, bis Sie ein Gefühl von dem gesamten Blütenkelch haben.
Genießen Sie dieses Gefühl.

Dann stellen Sie sich den hinteren Bereich Ihres Blütenkelchs vor, da wo Ihre Vagina in Ihre Gebärmutter übergeht. Spüren Sie in diesen empfindsamen Bereich hinein, lenken Sie Ihre Aufmerksamkeit dorthin. Es handelt sich um einen Durchgang. Stellen Sie sich vor, dass Sie diesen Durchgang, der normalerweise geschlossen ist, langsam wie ein Tor öffnen und dass Sie die sexuelle Energien in sich einströmen lassen.

Spüren Sie, wie Sie sich dieser Energie immer mehr öffnen, wie Sie sich ihr hingeben. Stellen Sie sich vor, wie Sie sich mit dieser Energie verbinden und wie sich diese Energie in Ihrem Schoß ausbreitet und langsam immer weiter nach oben steigt. Spüren Sie diese wie einen Energieraum, in dem Ihr Körper enthalten ist. Stellen Sie sich vor, sich darin spüren zu können. Stellen Sie sich vor, dass Sie diese Empfindungsfähigkeit haben. Spüren Sie, wie die Energie sich weit über Ihren Körper hinaus ausbreitet. Sie fließt durch jede Zelle Ihres Körpers und auch über seine Grenzen hinaus. Stellen Sie sich vor, Sie können den Energiefluss, in dem Sie mit dem Universum verschmolzen sind, ganz bewusst erleben und genießen. Stellen Sie sich vor, Ihre Energien sprudeln wie eine Fontäne. Ihr ganzer Körper ist eine einzige Fontäne, aus der Liebesenergie in die Welt sprudelt.

Gut, dann genießen Sie dieses Gefühl noch ein bisschen. Machen Sie sich klar, dass Sie sich nur dafür öffnen brauchen,

Sie entscheiden wie viel Energie Sie einlassen wollen. Sie können sich dafür öffnen oder nicht.

Gehen Sie mit Ihrer Aufmerksamkeit noch einmal in Ihre Vagina, fühlen Sie sie. Freuen Sie sich an Ihrer Verbindung zu Ihrem Schoß. Ihr Schoß hat die Fähigkeit, Verbundenheit herzustellen, wenn Sie das wollen. Werden Sie sich dieser Fähigkeit wieder bewusst.

Gut, dann kommen Sie langsam mit Ihrer Aufmerksamkeit wieder zurück. Nun öffnen Sie langsam wieder die Augen.

Die männlichen und die weiblichen Energien wollen miteinander verschmelzen. Sie wollen gemeinsam etwas Neues erschaffen. Sie besitzen jeweils komplementäre Energiemuster, die zusammen die Erfahrung ermöglichen, gleichzeitig Individualität und Ganzheit zu erleben.

In der sexuellen Verschmelzung ist die Erfahrung der entgegengesetzten Polaritäten im selben Moment möglich. Die Verbundenheit war immer da, aber das bewusste Wahrnehmen dieser Verbundenheit bringt eine neue Qualität, eine neue Information in den Energiekörper der beteiligten Menschen, ihrer unmittelbaren Umgebung und damit auch in das Gesamtfeld.

Diese energetischen Zusammenhänge sind deutlich wahrnehmbar, aber die meisten Menschen haben nicht gelernt, ihre Antennen dafür zu entwickeln. Wir leben in einer Kultur, die das Wahrnehmen von Empfindungen nicht für wichtig hält. Wie sollen wir dann energetische Zusammenhänge erleben können?

Tatsächlich erfordert das bewusste Wahrnehmen von Empfindungen Übung. Mit Empfindungen meinen wir das bewusste sinnliche Wahrnehmen des Körpererlebens. Es gibt angenehme und unangenehme Empfindungen. Gerade Männer tun sich oft schwer damit, sie zu spüren. Sie haben es noch weniger geübt, ihre Empfindungen wahrzunehmen, geschweige denn, sie zuzulassen und auszudrücken. Empfindungen sind immer auch körperliche Abläufe. Empfindungen wohnen im Körper. Kein Wunder also, dass wir ihre Wahrnehmung nicht kultiviert haben, schließlich haben wir sowohl den Körper als auch Gefühle abgewertet. Es lohnt sich, das zu ändern und zu lernen, auf die eigenen Empfindungen zu achten. Es beginnt damit, Aufmerksamkeit in den Körper zu lenken und in sich hineinzuspüren. Außerdem ist es wichtig, Empfindungen von Gefühlen unterscheiden zu lernen. Gefühle sind bereits bewertete Empfindungen. Gefühle sind oft eine gut etablierte Gewohnheit als Reaktion auf negative Denk- und Verhaltensmuster aus der Vergangenheit. Auch Gefühle lassen sich ändern und erweitern.

Da wir unseren Umgang mit Gefühlen nicht wirklich kultiviert haben, stecken viele negative Gefühle in unserem Körper fest. Sie fühlen sich an wie Blockaden oder Panzer. Sie haben eine feste Schicht gebildet. Wenn wir daran rühren, tut es oft erst mal weh. Es lohnt sich dennoch, sie zuzulassen, besonders wenn wir die Absicht verfolgen, sie aus unserem System herauszuleiten.

Jedes nicht ausgedrückte negative Gefühl, das wir heruntergeschluckt haben, hat sich irgendwo in unserem Körper festgesetzt und kostet uns Lebendigkeit.

Wenn Sie immer wieder mit Gefühlen wie Wut, Groll oder Schmerz aus der Vergangenheit zu tun haben, können Sie es mit folgender Übung probieren.

Gehen Sie hinaus in die Natur und suchen Sie ein stilles Plätzchen, an dem Sie sich wohl fühlen. Graben Sie mit den Händen ein Loch. Dann heulen, weinen, schreien, werfen Sie Ihre alten Gefühle in dieses Loch hinein. Tun Sie dies so lange, bis Sie das Gefühl haben, dass für den Moment wirklich all diese Gefühle Ihr System verlassen haben. Nehmen Sie den Samen einer Pflanze und legen Sie ihn in das Loch hinein. Dann schließen Sie das Loch wieder mit Ihren Händen. Danken Sie dabei Mutter Erde für ihre Fähigkeit, Ihren Kompost aufzunehmen und zu transformieren. Danken Sie ihr, dass sie aus Ihrem Kompost etwas Neues, Schönes wachsen lassen wird.

Hilfreich sind alle Übungen, die das Körperbewusstsein schärfen und den Gefühlsfluss in Bewegung bringen, zum Beispiel Yoga, Tai Chi, Reiki usw. Auch Tanzen, Musik und Rhythmus unterstützen die Körperwahrnehmung.

Umgang mit akuten unangenehmen Gefühlen

Wenn Sie sich akut ärgern, wütend oder traurig sind, ist eine Möglichkeit, das Gefühl zuzulassen, es auszudrücken und es gleichzeitig wieder aus dem System zu entlassen, sich am ganzen Körper zu schütteln. Schütteln Sie sich mindesten zwei Minuten lang, danach werden Sie sich besser und lebendiger fühlen.

Da wir in unserer westlichen Kultur das Wissen über die Sexualität so gründlich ausgerottet haben, begegnet es uns heute häufig im asiatischen Gewand, etwa über Begriffe wie »Tantra« oder das »Tao der Liebe«. Die asiatischen Kulturen haben dieses Wissen generell stärker kultiviert.

TANTRA

Das Wort »Tantra« bedeutet Gewebe/Verbindung. Im Sanskrit steht es in Zusammenhang mit der Fähigkeit der Erweiterung, der Ausdehnung und der Transformation. Mit Hilfe von Tantra soll die ursprüngliche Verbundenheit allen Seins wiederhergestellt werden. Im Buddhismus gibt es dazu die unterschiedlichsten Schulen und aufwändige religiöse Praxen, in denen Geist, Körper und körperliche Liebe miteinander verwoben werden.

Tantra entstand als eine Art Bewegung durch die Verschmelzung der buddhistischen Lehre mit archaischen religiösen Praktiken und Symbolen. Ein Fundament des Tantrismus besteht in folgendem Gedanken: Ohne generellen Respekt vor allen Frauen und ohne die Verbindung mit einer Gefährtin, die die erleuchteten Eigenschaften bereits besitzt, kann ein Mann keine Erleuchtung erlangen. Dies hängt damit zusammen, dass sowohl die Schule des buddhistischen Tantrayana als auch der tantrische Hinduismus (Shakti Tradition) davon ausgehen, dass alle Kräfte im Universum durch Frauen hindurchfließen und von ihnen ausgehen.

Bei uns in der westlichen Welt ist mit Tantra vorwiegend die Liebeskunst gemeint. Dabei wird sie selten im ursprünglich ganzheitlichen Sinne gelehrt. Oft wird Tantra im Westen auch als reine Technik verstanden, um die Lust beim Liebesakt zu erhöhen. Damit ist die Sexualität wieder von der Liebe abgetrennt und das führt oft zu weiteren Verletzungen.

Die Lehren über die Geheimnisse der Sexualität, wie sie in Asien verstanden wurden, sich entwickelt haben und gelehrt wurden, sind für uns in Europa heute ausgesprochen hilfreich, um uns daran zu erinnern, dass auch wir in unserem kollektiven Unbewussten eine andere Erfahrung zur Sexualität gespeichert haben, auch wenn es lange her ist. Auch wir besitzen diese Energiequelle. Unser Körper hat zum Glück seine Weisheit bewahrt. Wir müssen uns nur erinnern.

Die patriarchale Revolution hat jedoch auch in Asien stattgefunden. Dort muss man heute ebenfalls die alten tantrischen Bräuche und Schulen und ihre weiblichen Wurzeln suchen. Dennoch ist viel mehr Material erhalten geblieben, vor allem auch in Schriftform.

Die spirituelle Leitkultur wandte sich in Asien genau wie in Europa zunehmend vom Körper ab. Das Heil wurde immer mehr in der Überwindung des Körpers, in der Askese gesucht und die Frau dem Mann untergeordnet. Die alten Lehren der körperlichen Verschmelzung und Ekstase überlebten auch in Asien eher wie eine Geheimwissenschaft, die überwiegend mündlich weitergegeben wurde.

Im Unterschied dazu ist alles Wissen, welches es in Europa noch über diese Zusammenhänge gab, spätestens mit den weisen Frauen endgültig ausgelöscht worden.

Tantra erfreut sich in der westlichen Welt zunehmender Beliebtheit. Es gibt inzwischen viele gute Bücher zum Thema (siehe auch Literaturempfehlungen im Anhang).

Das Tao der Liebe

Ein anderes asiatisches Lehrsystem, das ausgesprochen viel Wissen über den Körper und auch die Sexualität bewahrt hat, ist der Taoismus. Die meisten von uns kennen die grundlegende Einteilung des taosistischen Kosmos in Yin und Yang. Dabei verkörpert Yin das weibliche Prinzip und Yang das männliche. Es wäre falsch zu sagen, Yin entspräche der Frau oder Yang dem Mann. Es gibt Frauen mit starken Yang-Anteilen und Männer mit einer starken Yin-Betonung. Der helle Punkt im Yin steht für das Yang im Yin und umgekehrt steht der dunkle Punkt im Yang für das Yin im Yang. Das weibliche Prinzip zeigt sich äußerlich in Sanftheit, Weichheit und Empfänglichkeit. Im Inneren schlummert eine starke Kraft und Tiefe. Es liegt in der Verantwortung der Frau, Innen- und Außenleben in einem ausgewogenen Verhältnis zuzulassen und zu entwickeln. Viele Frauen können erst durch den Kontakt zu ihrer inneren Stärke Sinnlichkeit zulassen und genießen.

Dem Yin-Prinzip entsprechen Offenheit und Empfänglichkeit und diese sind Grundvoraussetzungen für die Erfahrung tiefer sexueller Erfüllung.

Diese Offenheit und Empfänglichkeit ist gerade auch für Männer in der Sexualität etwas Neues. Die Qualitäten des Offenseins beschränken sich aber nicht nur auf den sexuellen Kontakt. Offenheit bedeutet auch, sich vom Leben berühren und inspirieren lassen zu können sowie die Fähigkeit, Ideen, Energien, Gefühle und Stimmungen anderer Menschen in sich aufzunehmen. Sexuelle Öffnung, Hingabe und Aufnahmebereitschaft können Frauen noch verletzlicher machen. Deshalb ist es unumgänglich, dass Männer und Frauen lernen, mit diesem hochsensiblen Yin-Zustand umzugehen.

Wenn Sie das nächste Mal mit Ihrem Partner/Ihrer Partnerin Liebe machen, nehmen Sie sich bewusst vor, offen füreinander zu sein. Konzentrieren Sie sich auf ihre Sinne. Fühlen Sie ganz genau hin. Bleiben Sie ganz im Augenblick präsent. Nehmen Sie Ihre Energien und Gefühle wahr. Wie fühle ich mich? Wie fühlt sich mein Partner/meine Partnerin an? Achten Sie auf die kleinen, unspektakulären Impulse. Gehen Sie ganz in die sinnliche Erfahrung hinein, indem Sie diesen Impulsen folgen und dann immer wieder hinhören, -fühlen, -spüren. Dann warten Sie gelassen ab, was geschieht.

Unsere Gesellschaft ist, wie gesagt, sehr am Yang orientiert. Verstand, Logik und männliche Wertvorstellungen dominieren. Dagegen werden Gefühle und Intuition immer noch unterdrückt und haben wenig Wert, Köperregungen ignorieren wir. Unsere Aufmerksamkeit und Hoffnungen sind auf ein äußeres Ziel in der Zukunft gerichtet. Die meisten malen sich aus, wie glücklich sie sein werden, wenn sie dieses oder jenes erreicht haben werden. So bleibt wenig Gelegenheit, durch bewusste Präsenz, wirklich von der Fülle des Hier und Jetzt zu kosten. Es bleibt wenig Zeit, innere Stärke zu kultivieren, denn das männliche Yang-Prinzip ist nach außen stark und hart und nach innen schwach.

Die Sexualität, wie wir sie heute kennen, wird überwiegend durch Yang-Qualitäten bestimmt. Sie ist nach außen orientiert und wird als »spannend« und »geil« erlebt. Da Yang aber an der Oberfläche bleibt, ist eine rein Yang-betonte Sexualität nicht nährend und heilend, weder nachhaltig noch erfüllend. Sie kostet sogar Energie und bedarf immer wieder neuer Anreize. Um wirklich tiefe sexuelle Erfüllung und Betroffenheit zu empfinden, müssen wir die hochexplosiven Yang-Kräfte mittels der Yin-Qualitäten in die Tiefe leiten.

Es geht also nicht einfach darum, der Frau einen Orgasmus zu besorgen, was viele Männer fälschlicherweise annehmen. Dieses Missverständnis lässt Frauen häufig einen Orgasmus vortäuschen, damit der Krampf endlich vorbei ist!

DANIELA ist 28 Jahre alt und war die letzten Jahre Single. Sie sehnt sich nach einer festen Beziehung, kommt aber nicht über kurze und immer wieder wechselnde Beziehungen hinaus. Beruflich ist sie erfolgreich in einer Werbeagentur tätig. Vor kurzem hat sie sich das erste Mal seit langem wieder verliebt. Georg ist 31 Jahre alt. Er ist humorvoll, zuvorkommend, sieht gut aus und macht Eindruck auf sie. Daniela möchte eine Beziehung mit ihm. Georg geht gerne mit ihr aus und verbringt die Wochenenden mit ihr.

Nachdem sie ungefähr zwei Monate sehr glücklich zusammen waren, hat Daniela zunehmend den Wunsch, mit Georg über ihre gemeinsame Zukunft sprechen. Eigentlich möchte sie von ihm eine verbindliche Aussage hören. Doch Georg reagiert nicht wie gewünscht. Er vertröstet sie mit den Worten: »Lass uns doch die schöne Zeit einfach genießen. Was wissen wir, was in drei Jahren ist?«

Daniela versucht immer wieder, das Gespräch auf eine gemeinsame Planung zu lenken. Georg beginnt, sich zurückzuziehen. Er zeigt immer weniger Interesse daran, mit Daniela Zeit zu verbringen, weil ihn diese Diskussionen nerven. Er will sich mit Daniela entspannen und eine schöne Zeit mit ihr haben. Daniela findet es zwar immer noch schön mit Georg, aber ihr Frust wächst zunehmend. Sie ist nicht glücklich. Sie wünscht sich, dass Georg bestimmte Aussagen macht, von denen sie glaubt, dass sie ihr Sicherheit geben. Ohne diese macht das Ganze für sie nicht mehr so richtig Sinn.

So beginnt auch Daniela, ihre anfängliche Großzügigkeit zu drosseln und Georg damit ihre Liebe vorzuenthalten. Schließlich droht das zu passieren, was Daniela bisher immer passierte. Nach einer kurzen Phase der Verliebtheit scheitert die Beziehung an der Unverbindlichkeit.

Oft scheitern durchaus vielversprechende Partnerschaften daran, dass Mann und Frau unterschiedliche Erwartungen und vor allem auch unterschiedliche Rhythmen haben.

Daniela kommt zum Coaching. Sie möchte wissen, ob es sich für sie lohnt, in Georg zu investieren. Dabei stellt sich heraus, dass Georg sich durchaus verbindlich verhält. Er stellt sie überall als seine Freundin vor, ist liebevoll zu ihr und hört ihr zu. Er hat von sich aus sein Verhalten gegenüber Daniela nicht verändert. Er reagiert ablehnend auf Danielas Versuche, ihn auf eine verbindliche Beziehung mit festen Zukunftsplänen festlegen zu wollen.

Im Coaching beginnt Daniela Verständnis dafür zu entwickeln, dass es für Georg nicht so naheliegend wie für sie ist, nach einer zweimonatigen Beziehung konkrete Pläne für die Zukunft zu machen. Er hat in seiner momentanen Lebensphase keinen Druck. Außerdem braucht Georg Zeit, sein Herz dauerhaft für Daniela zu erwärmen. Dazu muss er Erfahrungen mit ihr machen, um ihr wirklich vertrauen zu können und sich bei ihr sicher zu fühlen. Für Georg hat deshalb zunächst Priorität, herauszufinden, ob er sich dauerhaft mit Daniela wohl fühlen könnte.

Daniela konzentriert sich von nun an mehr darauf, was Georg tut, als darauf, bestimmte Dinge hören zu wollen. Die wichtigste Erkenntnis im Coaching ist für sie, dass sie diejenige ist, die sich überlegen muss, ob sie an Georg festhalten will und ihn langfristig für eine verbindliche Partnerschaft mit ihr begeistern möchte. Sie erkennt, dass ihre Versuche, ihn zu einer bestimmten Aussage über eine gemeinsame Zukunft zu drängen, sie davon entlasten sollten, selbst eine Entscheidung darüber zu treffen, ob sie ihn wirklich will.

Daniela kreiert ein neues, großes Spielfeld für sich selbst, für Georg und für ihre Partnerschaft und beschließt, sich wieder zu entspannen. Sofort kehrt wieder diese Harmonie zwischen beiden zurück, welche Daniela von Anfang an so wohl getan hat. Dabei merkt sie auch, dass sie Georg wirklich will. Sie hält den Rahmen für diese Beziehung und Georg fasst zunehmend Vertrauen zu Daniela.

Nach einem weiteren halben Jahr merken beide, dass sie inzwischen längst in einer verbindlichen Beziehung sind. Georg freundet sich zunehmend mit der Vorstellung einer gemeinsamen Zukunft an, auch wenn Daniela diejenige ist, die diese Vorstellung hauptsächlich aufrechterhält. Daniela merkt, dass Georg bereit ist, ihr zu folgen, wenn sie weiß, was sie will und wenn er dabei von ihr bekommt, was er sich wünscht.

Für die Taoisten besteht die natürliche Aufgabe von Männern und Frauen darin, ihre Verschiedenheit zu akzeptieren und wertzuschätzen. Sie sind dazu bestimmt, sich auszugleichen und zu ergänzen, nicht dazu, voneinander zu erwarten gleich zu sein.

Wenn wir die Verschiedenheit akzeptieren und respektieren, kann die Liebe wie ein gepflegter Garten gedeihen, sagt Meister Mantak Chia.

Vom Körperkult zum Liebeskult

Das zunehmende Interesse am Körper lässt darauf schließen, dass der alte Zusammenhang zwischen Sinnen und Sein vielleicht doch eine Renaissance erfahren könnte. Zunächst haben wir es in der westlichen Welt mit einem Körperkult zu tun. Er zeigt sich überall: in der Werbung, auf Plakaten, in den Video-Clips auf MTV und in der spärlichen Bekleidung junger Mädchen und Frauen. Das ist eigentlich ein gutes Zeichen, wird der Körper doch wieder wichtiger. Auch hier können wir den unmittelbaren Zusammenhang zwischen Körper, Weiblichkeit und Sexualität erkennen. Dieser Körperkult ist ohne den unmittelbaren Bezug zur Sexualität gar nicht vorstellbar. Sexuelle Phantasien schwingen immer mit. Gleichzeitig suggeriert er die unbegrenzte Verfügbarkeit von Sexualität und verspricht die Möglichkeit permanenter sexueller Erfüllung. Er hält diese Versprechung allerdings in den seltensten Fällen. Stattdessen zeigt sich eher ein allgegenwärtiger Mangel an erfüllter Sexualität sowie eine Sehnsucht danach.

Es ist immerhin ein Anfang, auch wenn in diesem Körperkult weibliche Phantasien und Vorstellungen meistens noch fehlen. Sie sind einfach unbekannt. Auch bei den Jugendlichen überwiegen die männlich geprägten Vorstellungen von Sexualität, die einerseits darauf abzielen, möglichst viele sexuelle Begegnungen zu ermöglichen, die jedoch an der Oberfläche bleiben und keine weiteren Investitionen erfordern. Die Partnerin ist dabei oft austauschbar und wird, wenn sie sich ebenso verhält, immer noch als Hure oder Schlampe abgestempelt. Wir brauchen uns bloß auf den Schulhöfen umzusehen, um den Zusammenhang zwischen weiblicher Abwertung und Sexualität hautnah zu erleben. Doch während es innerhalb der jugendlichen Männergruppe immer noch dazugehört, das Weibliche abzuwerten, sehnt sich der einzelne Jugendliche ebenso nach Liebe, Angenommensein und Zärtlichkeit wie seine weiblichen Altersgenossinnen, ganz zu schweigen von seinen Ängsten vor der nächsten Eroberung. Nur zugeben könnte er das nicht so gut. Schließlich muss man cool bleiben. Mädchen haben sich diesen Vorstellungen weitgehend angepasst. Auch sie sind der Meinung, dass sie mit vielen verschiedenen Partnern Geschlechtsverkehr haben sollten, es gehört einfach dazu. Selten sind sie so bewusst, dass sie merken, dass ihnen unverbindliche, wechselnde sexuelle Begegnungen, die nicht ihr ganzes Wesen einbeziehen, nicht gut tun. Dazu müssten sie in ihren Körper hineinhören, der ihnen eindeutige Signale sendet. Dann müssten sie diesen Signalen vertrauen und lernen, auf sie zu hören.

Bei der nächsten sexuellen Begegnung achten Sie mal darauf, wie Sie sich danach fühlen. Nicht der Sex an sich ist ausschlaggebend, sondern Ihr Empfinden, wenn der Sex vorbei ist. Fragen Sie sich, wie Sie sich fühlen. Haben Sie Energie hinzugewonnen oder spüren sie einen Energieverlust?

Eine Weiterentwicklung des Körperkultes könnte zu einem neuen Liebeskult führen. Dies würde an die hinduistische Tradition von Shiva und Shakti anknüpfen oder an die europäische Suche nach dem heiligen Gral. Der verlorene heilige Gral, um den sich unzählige Mythen ranken und der in hundertfacher Weise interpretiert und umgedeutet wurde, steht auch für den Verlust des Paradieses. In diesem Sinne könnte er für den Verlust des Wissens um den weiblichen Kelch stehen, der zum Überfließen gebracht werden will, um seine Segnungen auf das ganze Land zu ergießen und das Paradies hier auf der Erde zu ermöglichen.

Wie wir gesehen haben, prägt die kognitive Einordnung der sinnlichen Erfahrung die Erkenntnis ganz wesentlich, deshalb sind wir so ausführlich auf unsere kollektiv wirksamen Überzeugungen zur Sexualität eingegangen, die wie das Wasser sind, in dem wir schwimmen. Solange wir uns nicht vergegenwärtigen, dass es unsere kulturellen Überzeugungen sind, die nur begrenzt ekstatische Erfahrung zulassen, werden wir auf dem Gebiet nichts Neues lernen. Ekstase dient dazu, sich intensiv zu spüren. Ekstase ist ein menschliches Grundbedürfnis. Durch die Abwwertung der Frau und der Sexualität war wirkliche Ekstase in diesem Bereich nicht mehr möglich. Stattdessen wurde und wird das menschliche Bedürfnis nach Ekstase vom männlichen Kollektiv auf den Kampf umgelenkt. In den vergangenen Jahrhunderten war sie durch Schlachtgetümmel und Kriegsverherrlichung gewährleistet. Heute erleben wir diese kollektive männliche Ekstase zum Beispiel beim Fußball.

Diese kollektiven kulturellen Überzeugungen prägen ganz wesentlich unsere sexuellen Phantasien und wirken damit unmittelbar und direkt auf unser Erleben von Sexualität.

In unserer heutigen Zeit sind die Phantasien und Vorstellungen, die an Sexualität geknüpft sind, recht arm. Sie werden stark durch die Bilder aus dem kollektiven Unbewussten beeinflusst sowie durch pornographische Darstellungen, die heute überall zu sehen sind. Das Positive an Letzterem ist, dass Sexualität zumindest wieder allgegenwärtig sein darf, wenn auch in einer unvollständigen und verzerrten Form. In der Regel müssen sexuelle Phantasien etwas Anrüchiges, Schmutziges haben, um ihre erregende Wirkung zu entfalten. Warum das so ist, haben wir bereits ausführlich erläutert.

Die Konsequenz ist ein weit verbreitetes Unwohlsein. Die wenigsten Menschen können von sich behaupten, dass sie eine wirklich erfüllte Sexualität haben, obwohl gleichzeitig immer stärker suggeriert wird, dass wir sie eigentlich haben müssten und das mit uns vielleicht irgendetwas nicht stimmt, wenn wir sie nicht so erleben. Insofern baut sich auf diesem Gebiet erneut Druck auf. Sexuelle Erfüllung scheint für die Paarbeziehung auf Dauer besonders schwierig. Hier ist wichtig, sich noch mal bewusst zu machen, dass die sexuelle Liebe in matriarchalen Zeiten nicht an eine dauerhafte Paarbindung geknüpft war. Es war damit keine Exklusivität und vielleicht lebenslange Konsequenz verbunden wie es das bürgerliche Liebesideal fordert, das sich ebenfalls in unseren Köpfen festgesetzt hat.

Sexuelle Erfüllung wird durch das Zusammenspiel mit einem Liebespartner in einem oft jahrelang währenden Prozess entfaltet und zu immer neuen Höhen geführt. Es muss sich dennoch nicht um eine lebenslange Bindung handeln.

Das heißt natürlich auch nicht, dass das an sich unmöglich wäre. Es gibt Paare, denen über viele Jahre genau das gelingt.

Beantworten Sie sich folgende Fragen:

Was denke ich über Sexualität?

Wie erlebe ich Sexualität?

Was sind meine wiederkehrenden sexuellen Phantasien?

Gibt es einen Zusammenhang zwischen meinen sexuellen Phantasien und meinem Erleben und wenn ja, welchen?

Wer steuert meiner Erfahrung nach eher die sexuelle Intensität, der Mann oder die Frau?

Machen Sie sich Ihre eigenen sexuellen Phantasien bewusst.

Unterstützen sie das Erleben von Verschmelzen?

Wenn Sie eine Frau sind:

Erschaffen Sie bewusst inspirierende Bilder in Ihrer Vorstellung, während Sie sich dem Liebesspiel mit Ihrem Partner hingeben. Stellen Sie sich zum Beispiel Ihre Vagina als Blütenkelch vor. Der Penis ihres Partners ist ein Energiestab, der Ihnen Energie gibt und gleichzeitig von Ihrem Nektar trinkt.

Wenn Sie Verschmelzung erleben wollen, ist es hilfreich, sie in der Vorstellung vorweg zu nehmen, also bewusst Bilder von Verschmelzung und Liebe dabei zu kultivieren.

Formulieren Sie für sich die Absicht, sich für Ihren Partner zu öffnen, ihn ganz in sich aufzunehmen. Stellen Sie sich vor, Sie wären durchlässig und könnten die Energie Ihres Partners vollständig in sich aufnehmen.

Es war unsere Absicht, mit diesem Kapitel deutlich zu machen, wie sehr die Entfaltung einer erfüllten Sexualität an die Entwicklung einer sexuellen Identität von Frauen geknüpft ist.

Frauen müssen wieder wissen, was für ein Schatz in ihrer Sexualität verborgen liegt. Sie müssen sich ihrer eigentlichen sexuellen Macht wieder bewusst werden und diese Macht neu kultivieren, damit sie sie für sich und andere einsetzen können. Das Wissen über diesen Schatz im weiblichen Schoß könnte das Selbstbewusstsein von Frauen völlig verändern.

Eine Frau, die um diese Kraft in ihrem Innern weiß und sie bewusst einsetzen kann, hat auch keine Angst davor, sich einem Mann ganz hinzugeben. Die Früchte dieser Kraft werden unter anderem dem Mann zugute kommen, den diese Frau liebt.

Männer müssen lernen, Frauen für diese Fähigkeit zu ehren. Sie sind insbesondere aufgefordert, das verletze weibliche Prinzip in ihrer Partnerin und in sich selbst mit ihrer Zuwendung zu heilen. Das ist gleichzeitig eine wunderbare Möglichkeit, Liebe und Sexualität zur Entfaltung zu bringen.

Durch den natürlichen Umgang mit der Sexualität wird es möglich, Unabhängigkeit, Intelligenz und Kraft zu entwickeln. Speziell den Frauen wurde und wird fast überall auf der Welt der natürliche Zugang zu ihrer Kraft versperrt, damit sie besser zu kontrollieren sind. Die Unterdrückung der Sexualkraft mit allen Mitteln – Gesetzen, Moral und Religion – erhält die Machtstrukturen. Ein unnatürlicher und undifferenzierter Umgang mit der Sexualenergie lässt die menschliche Intelligenz verkümmern. Durch Gebote und Gesetze wurde die Sexualität zu einer solchen Tabuzone erklärt, dass sie in die Heimlichkeit und Dunkelheit abgedrängt wurde.

Die vom gesellschaftlichen Leben abgespaltene Stellung der Sexualität ist weltweit im Kollektiv verankert. So erklärt sich, dass es Menschen peinlich ist, über ihre Sexualität zu sprechen und sie sich häufig belügen, wenn es um sexuelle Beziehungen geht. Das Kollektiv muss mit neuen Informationen gespeist werden – oder mit ganz alten.

Eine der Hauptursachen dafür, dass wir Sexualität als unerfüllt empfinden, ist dass sie von den anderen Ebenen abgespalten ist. Außerdem ist unser Wissen über die Sexualität noch immer sehr begrenzt.

Von klein auf haben wir gelernt, bestimmte Bereiche aus dem bewussten Erleben in den Bereich des Unbewussten zu verschieben. Große Bereiche unserer Persönlichkeit sind deshalb nicht mit unserem bewussten Erleben und Wirken verbunden. Solange wir sie nicht ins Bewusstsein heben, ist es in gewisser Weise so, dass »sie uns leben«. Wir werden von ihnen bestimmt und wir haben nicht wirklich die Wahl.

Sich auf allen Ebenen, auch auf der sexuellen, bewusst in die Gegenwart einzubringen, könnte eine spannende Aufgabe sein. Dies beginnt damit, dass Individuen sich bewusst dafür entscheiden, es anders zu machen und sich trauen, anderen davon zu berichten.

Liebe macht stark für den Wettbewerb

Das weibliche Prinzip kommt zum Tragen, wenn die Liebe fließen darf. Daher möchten Frauen eigentlich ihre Liebe verschenken, sie möchten mit ihrer Liebe beglücken. Dies kann auf ganz unterschiedlichen Ebenen geschehen. Nicht nur in Bezug auf einen Mann, Kinder oder andere Menschen. Es kann genauso durch das Erschaffen eines Buches, eines Projektes oder einer Reform geschehen.

Indem der Mann die Frau mit seiner Aufmerksamkeit und Zuwendung heilt, kann er die weibliche Liebe zum Fließen bringen, die dann transformiert und Kraft spendend zu ihm zurückfließt.

Dadurch wird wieder das männliche Prinzip unterstützt. Genährt und energetisch aufgeladen ist es schnell, klar, zielgerichtet und durchsetzungsfähig. In dieser Betrachtungsweise unterstützt das eine Prinzip das andere. Keines ist mehr oder weniger wert. Beide können nur miteinander wirklich gewinnen. So können Männer mit Frauen gewinnen und Frauen mit Männern. Sie können sich gegenseitig dabei unterstützen, beide Prinzipien in sich selbst zu entfalten. Die Harmonie der Polaritäten innerhalb des einzelnen Menschen verstärkt die dauerhafte Anziehung zwischen Mann und Frau. Indem Mann und Frau die ganze Palette weiblicher und männlicher Empfindungen und Aspekte zur Verfügung haben, wird das Spielfeld des/der Einzelnen größer. Der/die Einzelne wird vollständiger. Der Geschlechterkampf könnte ein Ende haben und die Kooperation der Geschlechter könnte eine neue Ebene erreichen.

Zusammenfassung kollektiver Überzeugungen zu Körper und Sexualität

Unförderliche Überzeugungen zu Körper und Sexualität

- Wenn Frauen ihre Tage haben, sind sie unausstehlich.
- Die Menstruation ist ein notwendiges, aber lästiges Übel.
- Männer müssen allzeit bereit sein.
- Männer müssen es Frauen besorgen.
- Frauen müssen den Mann befriedigen.
- Der Körper ist ein von mir getrenntes Ding.
- Männer, die das weibliche Prinzip unterstützen, sind Softies.

Förderliche Überzeugungen zu Körper und Sexualität

- Sexualität ist eine machtvolle Möglichkeit der Rückverbindung und der Transformation.
- Der Körper bietet die Möglichkeit, unser menschliches Sein in seiner ganzen Fülle und Vielfalt zu erfahren.
- Die Vagina ist das Tor zum Leben.
- Die Erweiterung der sinnlichen Erfahrung führt zu Bewusstseinserweiterung.
- Die Sexualität ist eine wunderbare Möglichkeit, Liebe auszudrücken.
- Die Sexualität ist die Quelle der weiblichen Macht.
- Das weibliche Prinzip besteht darin, sich zu öffnen, zu empfangen, zu verschmelzen, aktiv zu nähren, Raum und Zeit zu geben, zu lassen, zu lieben.
- Das männliche Prinzip besteht darin, Ziele auszumachen, aktiv darauf zuzugehen, vorzustoßen, zu erreichen und im Wettbewerb mit anderen siegreich zu sein.

Literaturverzeichnis

Arminger, Margret E.: *Der Sexte Sinn. Die Kunst, Erotik und Lebenslust zu wecken.* Verlag Hermann Bauer, 2001

Bauer, Joachim: *Das Gedächtnis des Körpers. Wie Beziehungen und Lebensstile unsere Gene steuern.* Piper Verlag GmbH, 2004

ders.: *Warum ich fühle, was du fühlst. Intuitive Kommunikation und das Geheimnis der Spiegelneurone.* Hoffmann und Campe, 2005

Chia, Mantak: *Das Tao von Liebe und Sex. Die Geheimnisse sexueller Reflexzonen. Ein Handbuch für Liebende.* Lotos Verlag, 2003

Eisler, Riane: *Kelch & Schwert. Unsere Geschichte, unsere Zukunft. Weibliches & männliches Prinzip in der Geschichte.* Arbor-Verlag, 2005

Elworthy, Scilla: *Das weibliche Prinzip. Die Kraft zur Veränderung.* Droemer Knaur, 2001

Faulstich, Joachim: *Das Innere Land. Bewusstseinsreisen zwischen Leben und Tod.* Droemer Knaur, 2006

Gimbutas, Marija: *The Goddesses and Gods of Old Europe.* University of California Press, 1992

dies.: *Die Sprache der Göttin. Das verschüttete Symbolsystem der westlichen Zivilisation.* Zweitausendeins, 1995

Göttner-Abendroth, Heide: *Das Matriarchat I. Geschichte seiner Erforschung.* Kohlhammer Verlag, 1989

dies.: *Das Matriarchat II, 1. Stammesgesellschaften in Ostasien, Indonesien, Ozeanien.* Kohlhammer Verlag, 1989

Gray, Miranda: *Roter Mond. Von der Kraft des weiblichen Zyklus.* Goldmann, 1999

Haarmann, Claudia: *»Unten rum …« Die Scham ist nicht vorbei.* Innenwelt Verlag, 2005

McFadden, Steven: *Stimmen der Weisheit. Indianerälteste sprechen über Mutter Erde.* Arun-Verlag, 2000

Narby, Jeremy: *Die kosmische Schlange. Auf den Pfaden der Schamanen zu den Ursprüngen modernen Wissens.* Klett-Cotta, 2001

Piontek, Maitreyi D.: *Das Tao der weiblichen Sexualität. Ein Praxisbuch für Frauen.* Heyne Verlag, 2002

Pröll, Gabriele: *Meine Tage. Quelle weiblicher Kraft und Intuition.* Verlag Hermann Bauer, 2002

Richardson, Diana: *Zeit für Weiblichkeit. Der tantrische Orgasmus der Frau.* Innenwelt-Verlag, 2004

Reeves Sanday, Peggy: *Women at the Center: Life in a Modern Matriarchy.* Cornell University Press, 2004

Riley, Kerry & Diane: *Tantra-Sex – Geheimnis und Ekstase. Was Männer und Frauen wissen sollten.* Goldmann Verlag, 2006

Schäfgen, Maria: *Kommen Sie doch, wann Sie wollen ... Homöopathische Wege zur weiblichen Lust.* Orlanda Verlag, 2005

Schwarz-Schilling, Marie-Luise: *Die Ehe. Seitensprung der Geschichte.* Axel Dielmann Verlag, 2004

Shaw, Miranda: *Erleuchtung durch Ekstase. Frauen im tantrischen Buddhismus.* Wolfgang Krüger Verlag, 1997

Shaw, Miranda: *Frauen, Tantra und Buddhismus.* Fischer Taschenbuch Verlag, 2000

Shuttle, Penelope & Redgrove, Peter: *Die weise Wunde Menstruation.* Fischer Taschenbuch Verlag, 1988

Smothermon, Ron: *Drehbuch für Meisterschaft im Leben.* Context Verlag, Bielefeld, 1986

Stamer, Barbara & Zingsem, Vera: *Schlangenfrau und Chaosdrache in Märchen, Mythos und Kunst. Schlangen- und Drachensymbolik im Kulturvergleich.* Kreuz Verlag, 2001

Sun Bear & Wabun: *Das Medizinrad. Eine Astrologie der Erde.* Goldmann Verlag, überarbeitete Neuausgabe, 2005

dies.: *Die Erde liegt in unserer Hand. Eine Vision unseres Planeten* Goldmann, 1991

Seminarangebote der Autorinnen

Alexandra Schwarz-Schilling und
Christin Müller
bieten offene Seminare
zu unterschiedlichen Themen an.
Auch Einzel- oder Paarcoaching sind möglich.

Weitere Informationen entnehmen Sie bitte
folgenden Internetseiten oder rufen Sie an:

www.coaching-spirale.com
Tel.: 030-79 40 33 92

www.berlinercoachingzimmer.de
Tel.: 030-51 65 59 30

Weitere Angebote:

BEZIEHUNGSSEMINAR
Welche Schlussfolgerungen haben Sie aus emotional schwierigen Situationen über sich selbst und andere Menschen unbewusst gezogen und dann immer wieder bestätigt bekommen? In diesem Seminar haben Sie die Möglichkeit, mit diesen Erfahrungen mental und emotional abzuschließen und ein neues, größeres Spielfeld für sich zu erschaffen. So kann eine völlig neue Qualität in Partnerschaften entstehen. Dazu gehört auch, die Beziehung zu den Eltern zu vervollständigen und eine langfristige Beziehungsvision zu entwickeln.

Erfolg und Eros

In diesem Seminar lernen Sie Eros als bewegendes Lebensprinzip kennen.
Eros ist im übertragenen Sinne die Brücke zu dem Bereich, den wir eigentlich mit Fülle verbinden und den wir als Erlebenszustand anstreben. Fülle kann man nicht erjagen, sondern nur erfahren, indem man sie zulässt und sich dafür öffnet.

Sie lernen:

- wie Sie sich als Frau und Mann gegenseitig Energie geben können und in ungewohnter Weise miteinander kooperieren – beruflich und privat.
- sich von Konditionierungen, unförderlichen Überzeugungen und anderen Einschränkungen zu lösen und wirkliche Alternativen zu leben.

Das weibliche Prinzip (nur für Frauen)

In diesem Seminar erfahren Sie, dass Sie erfolgreicher und erfüllter sind, sobald Sie sich an die Stärke Ihrer weiblichen Kraft erinnern und sich bewusst mit dieser verbinden. Im Mittelpunkt stehen der weibliche Zyklus und die weibliche Sexualität.

Die neue Erotik